# 教育支援の心理学

## 発達と学習の過程

監修 ■ 鈴木眞雄
編集 ■ 宇田 光／谷口 篤／石田靖彦／藤井恭子

福村出版

**JCOPY** 〈(社)出版者著作権管理機構 委託出版物〉

本書の無断複写は著作権法上での例外を除き禁じられています。複写される場合は、そのつど事前に、(社)出版者著作権管理機構（電話 03-3513-6969、FAX 03-3513-6979、e-mail: info@jcopy.or.jp）の許諾を得てください。

## この教科書を読んでくださる皆さんへ

　教育職員免許法施行規則（最終改定平成18年6月21日）第6条に規定されている「教職に関する」科目の第3欄のうちの「教育の基礎理論に関する科目」には、「幼児・児童及び生徒の心身の発達及び学習の過程」が課されています。これは、これまでの教職に関して求められる資質は、児童心理学・青年心理学と教育心理学等の「学」の知識の習得に重点を置いていたものから、「学と術の共同」へ、さらに「術」の習得へと方向転換したものともいえます。この方向転換は、日本の学校教育が抱える問題が深刻で、「学」だけでも「術」だけでも解決できるほど、生易しい問題でないことに起因しているのでしょう。

　ところで、現在では、「教育は国家百年の計」というフレーズが死語になってしまうほど、学校教育は混乱し、短期的な視野での経済効率が重視され、さらには理不尽な要求をするいわゆるモンスターペアレントまで出現しています。まさに「教師受難の時代」でありますが、それでも教職を志望する人がいることは、とてもありがたいことです。

　また、2006年には、教育基本法が改正されました。09年度には「その時々で教員として必要な資質能力が保持されるよう、定期的に最新の知識技能を身につけることで、教員が自信と誇りを持って教壇に立ち、社会の尊敬と信頼を得ることを目指す」として、「教員免許更新制」が導入されることになりましたが、ただし、この制度の先行きは不透明のようです。

　教員を志す学生諸君に限らず、現職の教員にも、不断の自発的・自主的な自己研鑽が求められることは、いつの時代も変わりないでしょう。教師は研鑽を通じて教師として成長しながら報酬が得られるという素晴しい仕事です。このような時代だからこそ、教師を志願する多くの若者に、少しでも希望をもって教職についてもらいたいと思い、さらに教職についておられる先生方にも、教

育についての基礎・基本の部分と，現在の「教育に関する学と術」の再確認の一助となればと思い，このテキストの編集を企画しました。

　本書は，発達と学習，学校での教科教育以外までのテーマを含めた教育に関する基礎・基本から応用の部分まで，特にコラムでは最近の話題を取り上げて記述したつもりです。

　大きくは，三部に分かれていて，発達に関する基本的側面と応用的側面，教育・学習に関する基礎的側面と応用的側面，さらには学校教育，教室内での教育活動に関しての今日的問題まで，それぞれの領域で活躍しておられる皆さんの研究成果にもとづいた内容であります。

　最後になりましたが，本書の出版の最初から最後までサポートをしてくださった福村出版編集部と閏月社の皆さんにお礼申し上げます。

編者代表　鈴木眞雄

\*目次

　この教科書を読んでくださる皆さんへ　3

　序章　発達と学習・環境の関係について考える　7
　　　第1節　発達と学習について考える　7
　　　第2節　環境の中での発達と学習の関係　11

# 第1部　発達の理解

## 第1章　発達の理論　17
　　　第1節　発達とは　17
　　　第2節　初期経験と臨界期　18
　　　第3節　遺伝と環境　20
　　　第4節　発達の研究方法　22
　　　第5節　発達の主な理論　23

　　　コラム1　ピアジェの発達理論とヴィゴツキーの発達理論　28

## 第2章　発達と成長の具体像　31
　　　第1節　身体と運動機能　31
　　　第2節　子どもの知覚と注意の特徴　39
　　　第3節　思考と知能の発達　41
　　　第4節　言語の発達　52

　　　コラム2　子どもの現実認識　65

## 第3章　パーソナリティの発達　68
　　　第1節　社会性の発達　68
　　　第2節　道徳性の発達　76

　　　コラム3　インターネット社会と情報倫理　90

# 第2部　学習の理解

## 第4章　学習の理論　95
### 第1節　学習の過程　95
### 第2節　記憶の発達　105
### 第3節　学習の種類　112

コラム4　学校教育における ICT 活用とその問題点　123

## 第5章　動機づけの理論：学校での学習を中心に　126
### 第1節　動機づけの必要性　126
### 第2節　さまざまな動機づけ　129

コラム5　失敗の原因を考えることと動機づけとの関係　144

# 第3部　学級・学校での具体的問題

## 第6章　教育と学習の具体像：小学校から高校まで　149
### 第1節　学級内での学習の特徴　149
### 第2節　集団活動と個人の意識の関係　151
### 第3節　学級での学習の方法　153
### 第4節　教師の働きかけ　156

コラム6　好かれる教師・嫌われる教師　164

## 第7章　学級・学校での学習の支援　167
### 第1節　発達障害のある子どもへの学習支援　167
### 第2節　学級でのいじめとネットいじめ　174
### 第3節　外国人児童生徒の学習支援　180
### 第4節　スクールカウンセリングと教師によるカウンセリング　187

コラム7　発達障害の診断の難しさと総合的なアセスメント　196

索引　199

# 序章　発達と学習・環境の関係について考える

　サン＝テグジュペリの小説『星の王子さま』の言葉ではないが，大人は子どもの頃のことを忘れてしまっている。だからこそ，大人は，子ども特に児童・生徒がいかに学習し発達していくかについて理解して子どもに相対していかねばならない。つまり，われわれ大人や若者は，子どもより先に生まれ，後からの子ども達に，よくても悪くても知らず知らずのうちに影響を与えてしまっているから。教職を志している学生，あるいは現職の先生にとっても，発達と学習について理解することは，教師になるための第一歩であり，継続していく課題であるといえる。

　ここでは，まず発達と学習が遺伝や環境によって両者が相互に影響しあっていることを説明していく。

## 第1節　発達と学習について考える

### 1　遺伝・成熟か環境か：昔から現代までの関心

　発達と学習について考える前に，発達と学習に影響を及ぼすものに，「遺伝と環境」があることは誰もが知っている。しかし，どの程度われわれの成長に影響を及ぼすかについては，昔から現在まで，庶民的な言い伝え（たとえば「氏より育ち」ということわざ）から双生児研究，さらには染色体・遺伝子の解明まで，研究が進められてきた。これらの研究は，盛んになったり衰えたり，さらには，人種問題や政治的論争の火種になったこともある。

　人の発達の過程における遺伝と環境の考え方は大きく以下の4つに分けられ

よう。
①ゲゼルの成熟を優位とする遺伝重視の立場：46週の双生児の一方に階段のぼりを訓練させた子どもと訓練をしなかった子どもの観察から，訓練しなかった子も同じように，暫くの後に階段のぼりができるようになったのは，訓練や練習ではなく成熟が優位であると考えた。この成熟をレディネスという。
②行動主義心理学者が唱えた環境重視の立場（第4章で詳しく述べる）。
③フロイトや認知発達を取り上げたピアジェなどの相互作用の立場（第1章で詳しく述べる）。
④個人が置かれている時代や文化によって異なるという立場。

このように，遺伝と環境の関係は，いろいろな立場で考えられてきたが，現在でも両者の関係を明らかにすることは簡単な問題ではなさそうである。

## 2　発達と学習とは何か

ところで，発達の定義についてはいろいろあるが，人に関わる領域で共通する点は，以下の3つにまとめられよう。
①時間の経過にともなって起こる個体の一連の変化。
②その変化の過程は，より完全な状態へ，よりよい適応への方向への変化。
③生まれてから死ぬまでの生涯を通じて続く変化。

これらは，子ども中心であった発達心理学が，生涯発達心理学として，人の一生をすべて発達と考えるように進化してきた結果である。

学習については以下の3つにまとめられる。
①「学ぶ」の語源は「まねぶ」ということから真似てならうこと。
②過去の経験の上に，新しい知識や技術を獲得すること。
③行動が繰り返しの経験により持続的な変容をもたらすこと。

これらの定義から，学習は経験によって知識を習得する過程であると考えるのが一般的である。

## 3　遺伝子の役割が解明されても難しい遺伝と環境の関係

遺伝か環境かについては，親子の判定や犯人の特定などで，遺伝子という語

が日常的になった。だからといって遺伝子，つまりは人の多くは遺伝が優位に働くとも言い切れない部分もある。遺伝子に関する知識が広く知れ渡っても，遺伝だけで人生が決まるとは誰も考えないであろう。となれば，両者は相互に影響しあうと考えるのが妥当であろう。

しかし，最新の遺伝に関する研究から，仮説的考えが提唱されてきた。代表的な研究法に双生児法がある。この研究方法については，昔は，一卵性と二卵性の判別も簡単ではなかったから，研究の成果も疑わしいものが多かった。しかし，その判別が的確にできるようになり，東京大学教育学部附属中等教育学校では，入学定員に「双生児枠」が設けられており，教育研究の一環として現在でも双生児の研究が続けられている。

これらの長期的な観察の結果と，急速に進化している遺伝子情報の解明から，人の遺伝は「多因子遺伝」と呼ばれていて，決して単一の遺伝子だけで，発達が決まるわけではないと考えるようである。たとえば身長については，身長を決める遺伝子があることも双生児ではほとんど一致するが，身長に関係する遺伝子は，多く存在していて，その後の食事のあり方や生活環境の影響もあることも自明のことである。それでは，知能とか学力，教科の好き嫌いなどになると，遺伝と環境が相互に影響していて，そう簡単ではないことは予想できよう。

## 4 遺伝と個性や能力の関係

科学雑誌ニュートン（09年11月号）には，「癌は遺伝するか？」と「個性や能力が決まるなら，努力や経験は無意味か？」という素朴な疑問を掲載している。その答えは，「癌は原則的に遺伝しませんが，大腸がんや乳がんなどの一部は遺伝します」，「遺伝が左右するのは『素質』だけ，それが開花するかどうかは，経験や環境しだいです。」であった。ここに「遺伝か，それとも環境か？」についてのおおまかな見積りを引用する（図序-1）。話題のメタボといわれる生活習慣病は環境の影響が大きいことになり，まさに生活習慣病である。

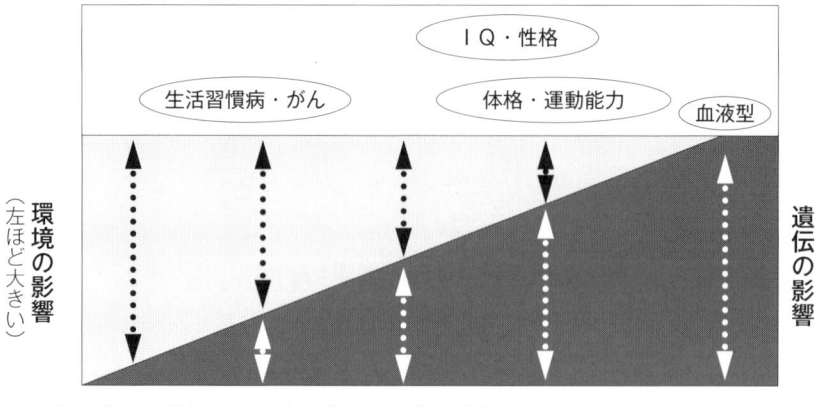

図 序-1　遺伝か，それとも環境か？（双生児法などによるおおまかな見積もり）
（Newton 2009年11月号を参考に作成）

## 5　遺伝的因子と経験の相互作用の解明

　20世紀前半の心理学においては，行動は学習によって獲得されるとする考えが主流を占めていた。ピネル（2005）の「バイオサイコロジー」には，トリオンの「行動形質は選択的に育てることができること」を紹介している。その実験の概略は，「ラットの訓練中に間違った迷路に入ることが最も少なかったメスとオスを掛け合わせた——これらを迷路が得意なラットとした。そして訓練中に間違った迷路に入ることが最も多かったメスとオスを掛け合わせた——これを迷路が不得意なラットとした。」この掛け合わせは第21世代まで続けられた。

　その結果第8世代から，「両血統には迷路学習能力に差が見られた。」その後の選択的繁殖の研究で，「行動の発達は遺伝子によって調節されていることが明らかになった。しかし，この結論は，経験の影響がないということを意味しているのではない。」とし，クーパーとツービックの「装飾した環境（トンネル，立体交差，看板など興味を引くような物を置いた金網で飼育された群）と貧弱な環境（何もない金網で飼育された群）」の結果を紹介している。その結果，迷路不得意ラットが成熟すると，それらは貧弱な環境で育てられた場合にのみ，迷路得意ラットより多くの間違いを犯した。つまり，明らかに装飾した

環境で育てられると，劣っていた遺伝子のマイナスの効果を克服することができたのである。ここから，良い環境の下で教育することは，大いに意義のあることになる。しかし人にとって何が良い環境かはそう簡単に決められることではない。

## 第2節　環境の中での発達と学習の関係

### 1　家族から文化までを組み込んだシステム

　人やペットをはじめ地球上の生命体は，自然的・人工的環境の下で学習も，遺伝子も影響を受けていることは案外忘れられている。このことを思い出させてくれたのがブロンフェンブレナーである。

　子どもが誕生すると，母親が主たる養育者である場合が多いが，親，祖父母，兄弟，あるいは医療関係者の援助を受けながら相互に影響しあいながら成長していく。さらに，学校，コミュニティ，マスメディア，地域，さらには教育観・信念体系等と相互に影響し合いながら子どもは成長していくと指摘して，子どもを取巻く環境をブロンフェンブレナーは，4つのシステムに分類した。

　①マイクロシステム：家族，友達，学校
　②メゾシステム：親戚，親の友人，PTA，コミュニティ
　③エクソシステム：親の職業，地域，マスメディア
　④マクロシステム：教育のあり方，教育観，信念体系，理念

　しかし，実際には子どもの世界に急速に浸透しているテレビからインターネット，ケータイなどが，子どもの発達にどのように影響を及ぼしているのか，さらには，4つのシステムすべてにどんな影響を及ぼしているかについては，解明の難しい問題でもある。

### 2　発達と学習に必要なもの「学び取る力」

　アカデミー賞を受賞した映画「スラムドッグ＄ミリオネア」を観ましたか。この主人公は，貧しい環境で育ったにもかかわらず，クイズ番組で一攫千金の夢を果たし，成長していくものである。製作者は，「人の能力には差がない，

生まれつきの差なんかない」と言いたかったといっている。

さらに原作の訳者あとがきには,「この物語を生み出すきっかけになったのは,1999年にニューデリーで行われた,貧困地域にインターネットを広めるプロジェクトだったということです。このプロジェクトで,学校に通ったことも新聞を読んだこともないスラムの子どもたちが,たった1カ月で自在にインターネットを使いこなせるようになったのです。教養のあるなしに関係なく,人は誰でも新しいことを学びとる力を持っている。それを強く感じた作者は,クイズを勝ち抜く知識を人生から学び取ったストリートチルドレンを主人公にすることを思いついたそうです。」と記されている。

「新しいことを学び取る力は,誰にも備わっている」ことは,真っ先にIT機器を使いこなしたのは子ども・若者であることからも容易に理解できる。だからこそ,よい発達を保障し,よい学習を提供するのは,親や教師の義務であると言ってもよいであろう。

### 3　子どもに働きかける教師に必要なこと：教師自身の成長

ロジェ・ルメール（サッカーワールドカップ元フランス代表監督）のことば「学ぶことをやめたら,教えることをやめなければいけない」を,「『言語技術』が日本のサッカーを変える」の著者の田嶋は,胸をえぐられるような衝撃を受けたとして,指導者養成において必ず紹介している。

この田嶋の記述を引用する。

「つねにサッカーは変化し,子どもたちも変わっています。それを学ぼうという気持ちがなかったら,大事な子どもを指導できません。いい加減な気持ちで教えることを否定する大切な言葉だから」と紹介している。

また,アンディ・ロクスブルク（UEFA［欧州サッカー連盟］技術委員長）曰く,「指導者は選手の未来に触れているのです。貴重な未来に影響を与えているのだと思えば,やはり大人の側こそ勉強しなければならないと感じます」。

この言葉は,スポーツの世界のみならず,教えることに関わるすべての人に求められるものといえる。言い換えれば,教師は,自分が成長することを義務付けられている職業である。

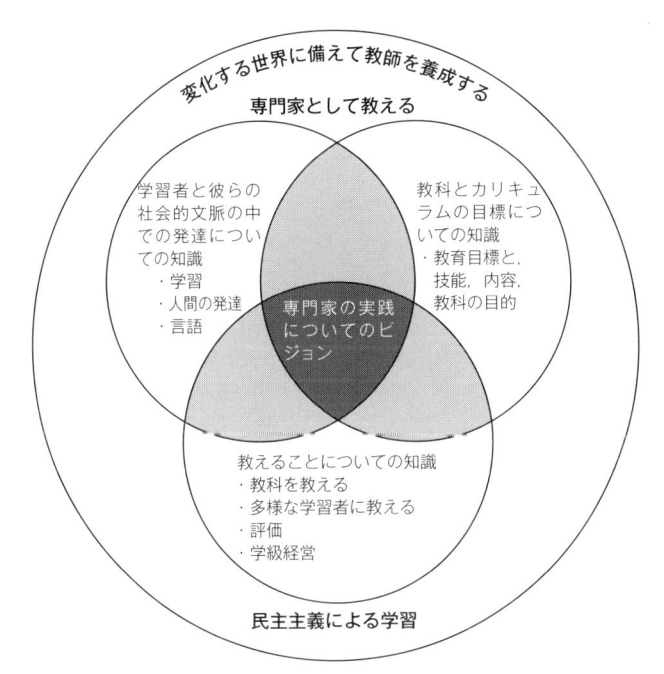

```
           変化する世界に備えて教師を養成する
                  専門家として教える

    ┌─学習者と彼らの─┐  ┌─教科とカリキュ─┐
    │ 社会的文脈の中 │  │ ラムの目標につ │
    │ での発達につい │  │ いての知識    │
    │ ての知識      │  │ ・教育目標と, │
    │ ・学習        │  │  技能,内容,  │
    │ ・人間の発達   │  │  教科の目的  │
    │ ・言語        │  │              │
              ┌──専門家の実践──┐
              │ についてのビ    │
              │ ジョン         │
              └──────────────┘

         教えることについての知識
          ・教科を教える
          ・多様な学習者に教える
          ・評価
          ・学級経営

              民主主義による学習
```

**図序-2** 教えることと学ぶことの理解のための枠組み

　また，教職に就く前に，何を学ばねばならないかという点から，ダーリング－ハモンドとバラッツ－スノーデン（秋田・藤田，2009）は「よい教師をすべての教室へ」というタイトルで，「すべての生徒の学びを保障するために教師は何を知る必要があるのか，何をすべきかを明確にしている。

　その第1章は「教師は何を知らねばならないか」である。ここに書かれていることは，本書の目的そのものであるので，彼らの提示した概念図「教えることと学ぶことの理解のための枠組み」を紹介する。この図の中で，3つの円で示される領域は重なり合っているが，左上の円の中に学習，人間の発達，言語の3つが挙げられている。これらのことは，以下の各章で詳しく説明していることそのものである。

**文献**

ダーリング-ハモンド, L  バラッツ-スノーデン, J.  秋田喜代美・藤田慶子（訳） 2009  よい教師をすべての教室へ──専門職としての教師に必須の知識とその習得  新曜社

ニュートン編集部（編）Newton  2009年11月号  「遺伝」のしくみ  ニュートンプレス

ピネル, J.  佐藤敬他（訳）  2005  ピネル  バイオサイコロジー  脳──心と行動の神経科学  西村書店

スワラップ, V.  子安亜弥（訳）  2009  ぼくと1ルピーの神様  ランダムハウス講談社

田嶋幸三  2007  「言語技術」が日本のサッカーを変える  光文社新書

# 第1部　発達の理解

# 第1章　発達の理論

## 第1節　発達とは

### 1　社会のなかでの発達

　私たちの社会では，子どもがある年齢に達すると，七五三など伝統的な儀式を行う習慣がある。また子どもの成長につれて学校も，小学校から中学校，高等学校と，年齢に応じて上がっていく。成人になったことを祝う成人式も，一般的な式典として広く行われている。さらに，高齢になると，還暦（60歳），古稀（70歳），米寿（88歳）など，その歳を無事に健康で迎えられたことを祝うのである。このように社会的・文化的に，発達を段階的にとらえている。

　心理学でも，発達を胎児期，乳幼児期，児童期，青年期，成人期，老年期などの段階に分ける。そして特に子どもは，それぞれの時期に対応して児童心理学や青年心理学という分野で研究されてきた。

　また，発達は分化と統合の過程であるといわれている。たとえば，ことばを話す前の幼児は，おなかがすいても，眠くなっても，泣いて知らせる。また3歳くらいになっても，昼寝をせずにいて，夕方になって眠くなってきたとき，「何か食べたい」と言ったりする。これは，食べたいという欲求と，眠りたいという欲求の2つが，未分化なわけである。また，1人立ちできた幼児が，手足をうまく協調して動かすことができるようになると，初めて歩ける。これが，統合という過程である。

## 2　生涯発達心理学

　発達と似たことばに，成長，成熟などがある。成長は，背が伸びるとか，身体つきがしっかりしてくる，という量的な拡大を示唆する。一方，成熟は，遺伝的な可能性が発現してくるとか，質的にみてより高度な完成された方向に変わるという意味を強くもつ。こうした発達の積極的な側面に研究者の目が向けられた一方で，成人後の段階にはさほど関心が向けられてこなかった。発達とは，子どもがおとなになる過程だ，と素朴にとらえられてきた。

　しかし，最近では，身体が大きくなったとか，できなかったことができた，という上昇方向の変化だけを扱うのではない。より幅広く人生全体をとらえた「生涯発達心理学」に変わってきている。老い，衰え，退職後の人生での適応，死との直面などのテーマが，積極的に研究されるようになってきている。

## 第2節　初期経験と臨界期

### 1　初期経験と愛着

　生まれて間もない時期の経験が大切だ，という教えは，古くからことわざなどにもよく表現されてきた。たとえば「三つ子の魂百まで」である。心理学では，このような幼い頃の経験を初期経験と呼ぶ。

　人間の場合，親子の愛着が形成される過程では，子どもが微笑む，泣く，親があやす，授乳するなどさまざまな行動が認められる。イギリスの精神分析学者であるボウルビィは，乳児は成人との接近や接触を求める生物学的な傾性をもって生まれてくると考えた。これをアタッチメント（愛着）と呼んでいる。このうち，授乳という行動は，親子の愛着が生じるうえで非常に重視されてきた。食という一次的動因を満たしてくれる対象に対して，乳児は自然に愛着を形成していくという見方を，二次的動因説とよぶ。

　一方，動物を用いた研究では，子の親への追従行動が特に注目され，格好の研究対象となった。そして，さまざまな動物を用いて，実験が試みられてきた。ガンやカモなどある種の鳥類等においては，初期経験が決定的に重要な意味を

もつ場合がある。このことを指摘したのは，オーストリアの動物行動学者，ローレンツである。彼は，動物たちと共に暮らしながら観察する研究生活を送っていた。ある時彼は，ハイイロガンの孵化に立ち会った。孵化した際，ひな鳥は長い間ローレンツのことをじっと見つめていた。そして，その後，ローレンツの後をどこまでも追い回すことになる。人間と親鳥とでは，姿形がまったく異なるにもかかわらず，そんなことは無関係のようであった。

こうした鳥では，生まれてすぐに目の前に現れる動くもの（多くは親）に対して，追従行動をとる習性がある。生後間もないきわめて無力で危険な時期に，生存する可能性を高める機能を果たす現象だと推察できる。これがいわゆる刻印付け（刷り込みとも言う）という現象である。刻印づけは，生後間もない時期においてのみ生じる。また，一度生じてしまうと，後戻りがきかないこと（非可逆性）を特徴としている。さらに，二次的動因説で不可欠とみなされている「報酬」（食物など）が与えられなくても，刻印づけは生じる。

その後，ヘス（1958）が親鳥の模型を用いた一連の研究によって，この刻印づけが生じるには，最適な時期があることを示した。それは生後十数時間をピークとし，その前後では刻印づけは生じにくかった。また，この刻印づけの際に，ひな鳥に試練を与えて追従させた場合のほうが，より強固にこの追従が生じることもわかった。たとえば追従しようとするひな鳥の行く手に障害物を置いてじゃまをすると，ひな鳥は懸命に親鳥を追いかけるはめになる。しかし，そういう経験の後では，親鳥をより確実に弁別できるようになるのである。

このように，発達においては，どうしてもその時期をはずしてはならない重要な時期がある。これを臨界期と呼ぶ。しかし，人間の場合，発達上このような決定的な時期があるとはみられておらず，代わりに敏感期ということばを用いることが一般的である。

### 2　皮膚接触と愛着

親子の愛着形成のうえで，接触の重要性を示したのが，アメリカ合衆国の心理学者ハーロウ（Harlow, 1958）である。サルの子どもが皮膚接触を求め，肌ざわりの良い布に好んでしがみつこうとすることは知られていた。ハーロウはこの現象を，実験的に確かめようとした。彼らは，アカゲザルを用いた実験に

よって，子ザルが親に対して接触を求めることを示した。子ザルを，本物の親とは隔離して，人工的に飼育する。檻には布製と針金製の代理母を準備する。どちらの模型にも，胸のところに乳首がついていて，そこから授乳がなされた。また，どちらの模型にも子ザルが寄り添えるようにしておく。なお，どちらの模型も加熱されており，温度の点では差がない。すると，授乳の経験とは無関係に，子ザルたちは，布製の代理母に寄り添う時間が，より長かった。つまり，二次的動因説で信じられたような親による食欲の満足よりも，皮膚接触の感覚がより優先されたことになる。従来は，母子の愛着形成において重要な要素は，授乳の経験だと考えられていた。つまり，空腹の際に，授乳によって満足を与えてくれる親に対して愛着が形成されるとの説明である。しかし，ハーロウたちの実験は，接触というより重要な要因が存在することを明らかにしたのである。アカゲザルは，人間の新生児よりも出生時により発達が進んでおり，発達の速度も速いことなど，人間と条件が異なる。しかし，人間の新生児の場合にも，皮膚の接触経験を強く求めると考えられる。

## 第3節　遺伝と環境

発達を規定するのは生まれつきの遺伝的特性なのか，あるいは生後の環境によるのか。これに対しては，遺伝（成熟）を重視する遺伝説，環境（学習）を重視する環境説，そして両者を加算して考えるべきとする輻輳説，さらには遺伝と環境との相互作用説が知られている。

### 1　遺伝説

親と子，あるいは孫，きょうだいなど家族のなかでは，顔や身体的特徴が互いに似ている場合が多い。このことは経験的に広く知られており，人は親や先祖から多くのものを遺伝的に引き継ぐと，信じられてきた。遺伝（成熟）の役割を重視する考え方を，遺伝説あるいは生得説という。

遺伝を重視する立場の人たちは，たとえば家系の研究をひきあいに出す。有名な音楽家であるバッハ（ヨハン・ゼバスティアン・バッハ）の家系を代々にわたって調べると，本人以外にも実に数多くの音楽家を輩出している。このこ

とから，音楽に対する優れた能力は遺伝するようにみえる。一方，ある犯罪者の家系を調べてみたところ，数多くの犯罪者がみられるという研究もある。

しかし，家系の研究だけでは，遺伝の発達規定性を証明することはできない。なぜなら，バッハの子孫や先祖がたとえ優れた音楽家であったとしても，バッハの家は音楽家として成功する環境が整っていたのだ，ともいえる。しかも現代とは違い，バッハが活躍した18世紀当時，職業は多くが世襲であった。つまり音楽家の子どもは音楽家となるのが普通だった，という事情も考慮されるべきであろう。

ゲゼルの階段のぼり実験も，成熟を重視する見方を支持している。ゲゼルたちは，生後46週の双生児の一方（T）に，階段のぼりの練習を6週間させた。双生児のもう一方であるCには，訓練をしなかった。この結果，訓練の直後では，訓練したTのほうが階段を早くのぼることができた。しかし，この後，Cは，2週間の練習をしただけで，Tよりも早くのぼることができたのである。

つまり，遺伝的に決まった成熟の時期というものがある。そして，それを無視してやたら早く訓練をしても，効果があがらない。幼い時が大切だからと，早期教育に熱心な親がいる。しかし，ゲゼルの研究などからもわかる通り，早ければ早い時期ほど良い，というものではない。たとえば日本語もまだしっかり話せない小学生に英語を教えることは，本当に必要なことなのだろうか。

## 2 環境説

環境を重視する立場は，環境説あるいは経験説とよばれる。行動主義の提唱者であるアメリカの心理学者ワトソンの言葉が広く知られている。彼は，「健康な12名の生まれて間もない子どもと適切な環境を私に与えて下さい。そうすれば，その子らの祖先の才能や職業にはかかわらず，将来どんな職業の人にでも育ててみせましょう」と豪語したという。いい換えれば，生まれつきの素質などにはお構いなく，環境と学習しだいで，その人の将来をどうにでも変えられるというのである。

いわゆる野生児の話も，環境説とかかわって紹介されることがある。野生児とは，何らかの理由で人間社会と隔離されて育った子どもである。なかでも，20世紀の初頭にインドで発見されたアマラとカマラが有名である。保護され

た後，この2人は牧師夫妻に育てられた。発見当時は四つ足で駆け回り，肉を生で食べるなど，まるで獣のような様子をみせていたという。そして，牧師たちの懸命の努力にもかかわらず，普通の人間の子どものようには成長しなかった。人間はその環境によっては，必ずしも人間らしく発達しないというわけである。しかし，この事例の報告に関して，現在では信憑性が疑われている。

### 3　相互作用説

　発達は遺伝的要因と環境的要因とを加算した結果であるとするのが，輻輳説である。ドイツの心理学者であるシュテルンが提唱した。

　輻輳説では，2つの要因の足し算で考える。しかし，これら2つの要因は，明確に分離できるものではない。そこで今日では，発達を2つの要因の相互作用として考える見方が一般的になっている。これを相互作用説と呼ぶ。

　親が2人の子どもを養育する際に，子ども次第で養育態度を変えることも考えられる。たとえば，兄にはやさしく，弟には厳しく当たる，という例である。こうなると，兄弟2人が同じ家で育ったからといって，ただちに「同じ環境」で育ったとはいえない。

　これは，兄のもつ何らかの特性が，親に対して作用して，やさしい養育行動を引き出したと見ることもできる。逆に弟は，厳しい養育行動を引き出した，と考えてみる。すると，親を環境要因とみた場合に，それは固定的な要因とはいえないわけである。子どもの側が親に働きかけて，特定の養育行動を引き出す。親の側も，それに応じて柔軟に行動し，強化を受けてさらにそのような特徴を際立たせていく……。このような過程が，「相互作用」の例である。この見方では，子どもと環境との「相互作用」にこそ注目すべきである。後で述べるピアジェの理論は，相互作用説に分類される。

## 第4節　発達の研究方法

### 1　発達への多様なアプローチ

　発達心理学でも，他の心理学の諸分野と同様に，観察，実験，調査，面接，

事例研究など多様な研究方法が採用される。

　青年や成人を対象とする場合は、直接いろいろな質問をして、言語的に調査することができる。しかし、乳幼児を対象とする研究では、必ずしもことばを利用できない。そこで、とりわけ乳幼児の研究においては、特有な方法も工夫されてきた。たとえば目の動きに着目して、乳幼児が何に関心をもっているのかを特定しようとする試みなどである。

### 2　縦断的方法と横断的方法

　また、発達心理学では、長期間にわたって継続的に、同じ個人や集団を追跡して観察したり調査する場合がある。これを縦断的方法と呼ぶ。このとき、結果が出るまでに何年間（あるいは数十年間）もかかってしまう。縦断的な研究方法では、調査対象となった人たちが同じ調査をくり返し受けて覚えたり飽きたりしてしまうおそれがある。また、一部の人が連絡不能になったり、死亡したりして脱落してしまうという問題がある。

　一方、年齢の異なる複数の集団をある時点で観察して、その違いを調べる方法も考えられる。これを横断的方法と呼ぶ。横断的方法では、研究に要する時間が短くて済む長所がある。しかし、横断的方法では観察しているのは別々の集団であって、世代差もはいりこんでしまう点が限界である。

## 第5節　発達の主な理論

　発達の本質とは何なのか。どういうしくみで発達は生じ、それを促すにはどうすれば良いのだろうか。発達心理学者たちが発達を研究対象とするのは、このような疑問に答えるためである。これらの問いに対して、多くの解答が提案されてきた。ある現象を統一的に説明する枠組みのことを指して、一般に理論と言っている。ここでは、発達をめぐる主な理論を紹介する。

### 1　ピアジェの認知発達理論

　スイスの発達心理学者ピアジェは、独特の方法で子どもの認知発達を研究し、多くの業績を残した。自己中心性、同化と調節などの概念は、広く知られてい

る。ピアジェは特に，子どもは積極的に環境に働きかけるなかで，自らの認識を深めていくという見方をした。この際，シェマといわれる認知的な構造が用いられる。このシェマは，人と環境との相互作用を通じて，質的に変化していく。

　ピアジェは子どもたちを観察した結果，認知発達には大きく分けて4つの異なる段階があると考えた。そして，子どもは誰でも必ずこうした段階を経て，認知的に高度な段階に進むとした。これには個人差があるが，社会的・文化的差異にかかわらず，普遍的なものであるとみたのである。

　第一段階は感覚運動期であり，生後1歳半から2歳頃までに相当する。この時期の問題解決は，基本的に試行錯誤的である。乳幼児は，比較的限られた生得的反射と運動能力を発揮して，環境を積極的に探索する。感覚器官から得た情報を筋肉に伝えて手足を動かし，その動きを調節する，という感覚と運動の反復，協調的な学習を行う。

　対象とかかわる経験を繰り返すなかで，子どもは「対象の永続性」を知ることになる。つまり，たとえばおもちゃの上にタオルが置かれて見えなくなっても，おもちゃそのものは無くなっていない，と理解するようになっていく。

　第二段階は，前操作的思考段階であり，7歳頃までである。この時期では，言語能力が急速に発達する。子どもは言語やイメージというシンボルを用いて，思考することができるようになる。この時期には，「象徴遊び」といって，積み木やブロックで，たとえば車やお城を作ることができる。ただ，まだ高度な思考を行うことはできず，直感的な思考を特徴としている。このため，みかけ上の変化に左右されやすい。

　この段階での思考の特徴を，ピアジェは「自己中心性」と呼んでいる。自他の区別が明確でないため，前操作的思考段階の子どもは，自分の好きな物は相手も好きだと信じている。

　第三段階は，具体的操作期である。この段階は，ほぼ小学生の段階に相当する。この段階に至ると，具体物の助けを借りて，ある程度複雑な思考が可能になる。小学校低学年の算数では，足し算を教えるのに，りんごの数を数えさせるなど，具体的な物を用いることが多い。これは，具体的操作期の段階の子どもでは，抽象的な数をそのまま扱うことが難しいためである。

第四段階は，形式的操作期であり，これが認知発達の完成段階である。中学生以降の段階となる。この段階に至ると，具体的な物が目の前になくとも，高度の思考が可能となる。抽象的な概念を用いた複雑な思考や，仮説を立て，それを立証していくという論理的な思考ができる。

　ピアジェの理論はその後，子どもの能力を過小評価しているとの批判も受けている。たとえば，少していねいに子どもに質問をするだけで，同じ問題に正しく回答できる場合があることが示されている。

## 2　エリクソンと人格の発達

　アメリカのエリクソンは，精神分析学の創始者フロイトの考えを受け継いでいる。フロイトは口唇期，肛門期，潜在期，性器期という発達段階を提唱したことで知られる。エリクソンも，フロイトやピアジェと同様，発達の段階を提唱した。エリクソンが注目した観点は，人格の発達である。エリクソンは，人生を乳児期から成熟期までの8段階に分けた。成熟期とは，老年期であって，彼の理論はまさに生涯発達心理学なのである。そして，それぞれの段階に特有の危機（心理社会的危機）が到来し，それを克服する課題が現れるとした。

　これらのうち，乳児期においては，信頼対不信の危機が訪れる。たとえば乳児はおなかがすくと泣いて知らせるが，この時に親が駆けつけてきて授乳してくれる。この経験を繰り返して，乳児は自分の生きる世界に対する信頼感を得ることになる。逆に，泣けども騒げども誰も相手をしてくれないとなると，この子は不信を学習してしまう。このように，基本的な信頼対不信を学ぶのが，乳児期だというのである。

　そして，5番目の段階にあたる青年期では，アイデンティティ対アイデンティティ拡散が問題となる。アイデンティティとは，私は自分なりの考えや行動の仕方をもっているんだ，という実感であり，しばしば自我同一性と訳される。青年期の課題は，アイデンティティの統合を果たすことであり，人生においてもっとも重要な課題である。アイデンティティ拡散とは，この難問に挑みつつも確信がもてずにいる状態である。自分が何者で，何をすれば良いのかがわからないで悩んでいる状態と言うことができる。

　アイデンティティには，2つの側面がある。個人的側面と，社会的側面とで

ある。個人的側面とは，自己の不変性，独自性などをさす。一方，社会的側面とは，集団のなかでの役割，使命感などを含む。たとえば，今日ゼミを休むと，他の人が困るだろうな，と考える私は，社会的なアイデンティティを参照しているのである。

## 3 ヴィゴツキーと発達の最近接領域

ロシア（旧ソビエト連邦）の心理学者ヴィゴツキーは，発達における社会的・文化的要因を重視した。子どもが問題に挑戦している時，おとなや仲間がちょっとヒントを与えたり，具体的な指示をしたりするだけで，解決に至ることがある。①実際の発達レベルと，②おとなの指導や有能な仲間との協同作業でできる発達レベルとがある時，この①と②と間の差のことを，「発達の最近接領域」（コラム1を参照）と呼んでいる。そして，この発達の最近接領域においてこそ，学習が生じるのだと考えた。

教育というのは，子どもに働きかけて，発達を促していく過程にほかならない。ヴィゴツキーは若くして世を去ったが，その後を継ぐ研究者たちは「足場づくり」のメタファーを用いて，発達において教育の果たすべき役割を表現している。建築現場に行くと，大工さんたちが建物の周りに張り巡らされた足場に立って，作業をしている。この足場は，家を建てるためには不可欠な存在である。しかし，家が完成してしまえば足場は解体して取り払われ，後には立派な家が残る。このように，子どもの発達において，最初は周囲の支えが確かに必要である。しかし，その足場は，成長につれてしだいに取り払われ，子どもは自立していくのである。

ヴィゴツキーはまた，思考において言語が果たす役割を重視している。難しい問題を解く時，児童は独り言（内言）を言いながら考える。成長するにつれて，しだいにこのように声を出して言うことは少なくなるが，それでも言語は考える際に重要な意味をもっている。内言を用いる児童は，複雑な課題をより効果的に学べることが知られている。

## 4 情報処理論的アプローチ

認知科学の発達によって，私たちの知的活動もコンピュータと同様の情報処

理システムとしてとらえる見方が広がった。発達研究においても，このような情報処理論の立場からのアプローチが広まっている。

　この見方では，知的活動を，コンピュータによる情報処理のことばで表現する。知覚は情報入力，思考や問題解決は情報の処理，記憶（記銘，保持，想起）は情報の保存・検索という具合である。この立場では，考えたり覚えたりする能力に関して，質的な変容を前提に考えない。成長につれて，子どもはたとえば限られた記憶容量を，より効果的に用いる記憶方略を発達させる。また，自分の記憶能力をより的確に把握して，効率的に使用できるようになっていくという。


**文献**

東洋・繁多進・田島信元　1992　発達心理学ハンドブック　福村出版
ボウルビィ，J.　黒田実郎ほか（訳）　1991　新版母子関係の理論Ⅰ　愛着行動　岩崎学術出版社
Harlow, H.F. 1958 The nature of love. American Psychologist, 13, 673-685.
Hess, E.H. 1958 "Imprinting" in animals. Scientific American, 198(3), 81-90
南徹弘（編）　2007　朝倉心理学講座3　発達心理学　朝倉書店
尾形和男　2006　家族の関わりから考える生涯発達心理学　北大路書房
繁多進　1983　愛着の意義　永野重史・依田明（編）　発達心理学への招待1　母と子の出会い　新曜社　54-70.
シング，J. A. L.　中野善達・清水知子（訳）　1977　狼に育てられた子――カマラとアマラの養育日記　福村出版

**コラム 1**

# ピアジェの発達理論とヴィゴツキーの発達理論
――それぞれにもとづいた教育の特徴――

　ピアジェの発達理論とヴィゴツキーの発達理論は，対比されることが多い。実際，ヴィゴツキーは自身の発達理論の観点からピアジェの発達理論の批判もしている。

　はじめに，両者の発達理論の特徴を概観したうえで，両者の比較を行う。そして，両者の発達理論からの教育への示唆について考える。

　まず，ピアジェの発達理論には，大きく2つの特徴がある。

　1つ目の特徴は，発達段階を設定していることである。

　彼の理論のもう1つの特徴は，発達のメカニズムがどの発達段階においても同様の機能をとるということである。このメカニズムには，同化，調節の2つ要素がある。個人がもっている認識の枠組み（シェマ）の構造が変化することを発達と考える彼の理論において，自身のシェマと適合する情報をとり込むことを同化，異なる情報をとり込み自身のシェマを変化させることを調節という。

　ピアジェの発達理論においては，個人が外界に主体的に働きかけることが重要とされている。

　ヴィゴツキーの発達理論は，主に他者との社会的相互作用のなかで発達が促されるとすることが最大の特徴である。

　ヴィゴツキーは，発達の3つの水準を想定している。ある課題を自力で解決できる水準，他者の助けを借りても解決できない水準の2つと，この2つの水準のあいだに位置する他者の援助があれば解決できる水準である。他者からの援助があれば課題を解決できる水準のことを発達の最近接領域という。彼は，子どもの発達を促すためには，この発達の最近接領域における年長者（大人）の適切な働きかけが重要であることを指摘している。

このように，彼の発達理論においては，他者とのかかわりがとりわけ重要視されているといえる。
　ピアジェの発達理論とヴィゴツキーの発達理論について比較を行う。ピアジェの発達理論では，個人（主体）の外界（環境）への主体的な働きかけが重視されていたのに対し，ヴィゴツキーの発達理論においては個人と他者との社会的なかかわりが重視されているという相違があった。このことを端的にあらわす例として，言語の発達をとり上げる。
　ピアジェの発達理論においては，言語は自己中心的言語から社会的な言語へと発達すると考えられている。自己中心的とは，他者の視点に立ったものの見方ができない，もしくは不十分ということである。自己中心的言語とは，自分自身に向けられた言語ということである。つまり，自身へと向けられた言語から他者へと向けられた社会的な言語へと発達するということである。
　ヴィゴツキーの発達理論においては，ピアジェの発達理論とは反対に，社会的な言語から自身へと向けられた言語へと発達すると考えられている。社会的な言語のことを外言，自身へと向けられた言語を内言という。外言とは他者とのコミュニケーションにおけるもので，内言とは自身の思考が内面化された言語である。
　ピアジェの言語発達のアイディアは主体からはじまるのに対し，ヴィゴツキーの言語発達のアイディアは他者との関わりからはじまる特徴があるといえる。そしてこのことは，彼らの発達理論の根本的な相違を反映しているといえる。
　最後に，それぞれの理論が，教育（教授・学習論）にどのような示唆を持つか考える。
　ピアジェの発達理論は，子どもの認知発達の段階に適切なはたらきかけをすることが教育（教授・学習）にとって大切だという示唆を与えていると考えられる。

ヴィゴツキーの発達理論は，子どもの発達を先回りして発達の最近接領域を作り出し，適切な働きかけをすることが重要であるという示唆を教育（教授・学習）に与えているといえる。

**文献**

ピアジェ，J. 中垣啓（訳） 1970/2007 ピアジェに学ぶ認知発達の科学 北大路書房

ヴィゴツキー，L. S. 土井捷三・神谷栄司（訳） 1935/2003 「発達の最近接領域」の理論 三学出版

# 第2章　発達と成長の具体像

## 第1節　身体と運動機能

　健康な心身，そしてそこから生み出される体力や運動技能は，教育目標の根幹を成している。本節では，身体の発達についてみていくことにしよう。

　身体発達は，解剖学や生理学をはじめ，数多くの学問の学際的研究領域となっており，心理学もその一端を担う。心と身体とは密接に連携を保って発達することを，忘れてはならない。

　本節の1ではまず，身長や体重など体格の発達についてみていく。続いて2では，体力や運動技能の構造を解説し，その発達について述べる。さらに，3では，肥満や視力の低下など，最近の子どもの健康に関する問題をとり上げて論じる。

　最後に4では，神経系の発達，特にニューロンの発達を中心に述べる。体格の発達にしても，体力や運動機能の発達にしても，神経系の発達とは不可分の関係にある。いくらりっぱな身体つきをしていても，神経系が発達しない限りは，すぐれた身体機能の発揮はありえないし，一方神経系も，身体のさまざまな活動を通して刺激を受けて発達していくのである。

### 1　身体の発達

1）**身長・体重の発達**　文部科学省が毎年発表する学校保健統計などの資料をもとにして，身体発達の現状を知ることができる。学校の身体測定では現在，身長，体重，座高が通常の測定項目である。体格を測定するには他にも，胸囲，頭囲や肩幅，皮下脂肪厚などの指標が用いられる。身長と体重は，身体

全体の発育状況の目安として，古くからよく用いられてきている。一般家庭で比較的手軽に計測できることも，一因であろう。

**身長の発達**

身体の発達には，急に伸びる時期が2回ある。つまり，1回目は出生の時から乳児期であり，2回目の急伸期は青年期である。図2-1は，身長の発育を，各年齢の平均値の形で示している（文部科学省，平成20年度学校保健統計調査報告書速報より作図）。身長の年間の伸びをみると，発達のピーク時に性差があるために，女子の体格は小学校高学年頃の一時期に男子を上回るが，最終的には男子の方が大きな身体つきに達する。

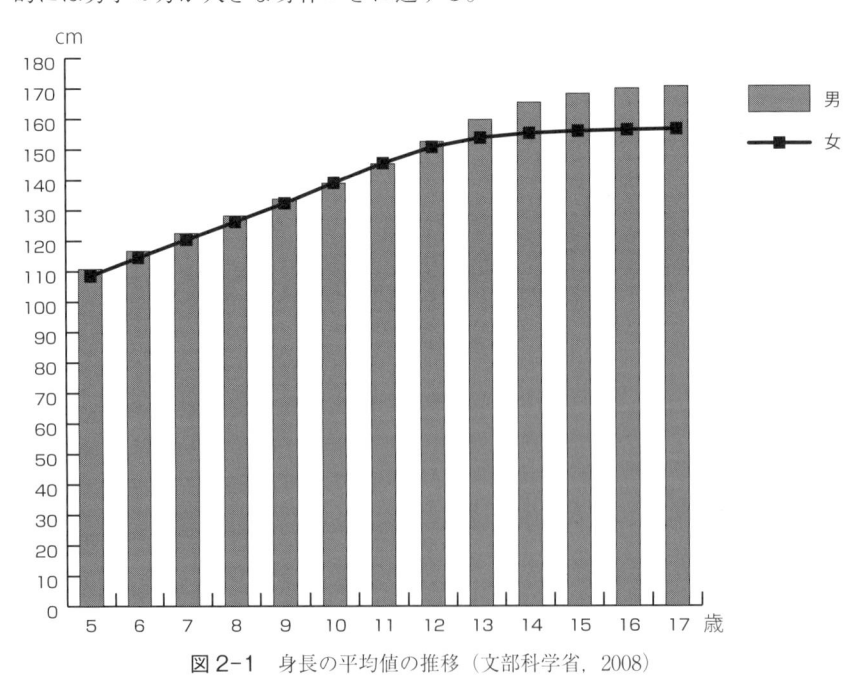

**図2-1** 身長の平均値の推移（文部科学省，2008）

**体重の発達**

体重も青年期における伸びが著しい。男子の場合，11歳時と12歳時の体重の伸びは，年間平均7キログラムを上回るし，女子でも9歳時と10歳時では平均6キロ以上の急激な増加を見せる。

2） **身体発達のつりあい**　図2-2は，身体の各部分の大きさが，年齢の上

がるにつれて変化する様子を示す。幼児期には頭部の比率がかなり大きいのに対して，成長するにつれて小さな割合になっていく。

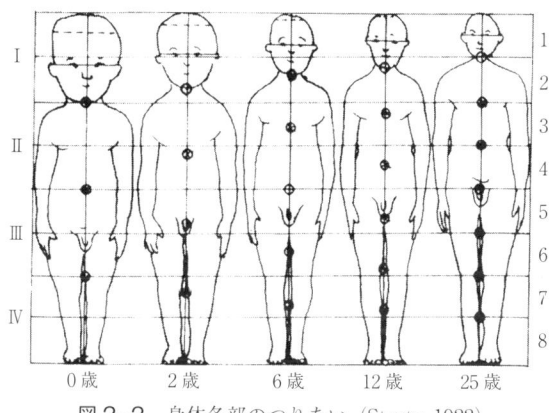

図2-2　身体各部のつりあい（Stratz, 1922）

　3）**各組織・機能の発達**　　身体の各組織は，それぞれに互いに密接な連携をとりながらも，役割に応じて特有のパターンで発育していく。スキャモンは，この現象を整理して，次の図2-3のようにまとめた。つまり，身体の発達には4つの類型がある。身長の伸びや内臓諸器官などの一般的な部位の発達は，S字状にうねる形の曲線を描き，徐々に進む。これを一般型という。一方，神経型では一般型よりも幼児期に，また生殖型では青年期に急激に発達する。さらに，リンパ型では，児童期において，一時は成人をしのぐ発達をみせるのである。

　4）**発達加速現象**　　体重，身長をはじめとして体格が年々大きくなる傾向が，多くの先進国で観察されてきた。また，性的な成熟も早まり，初潮年齢は低年齢層に降りて来ている（思春期

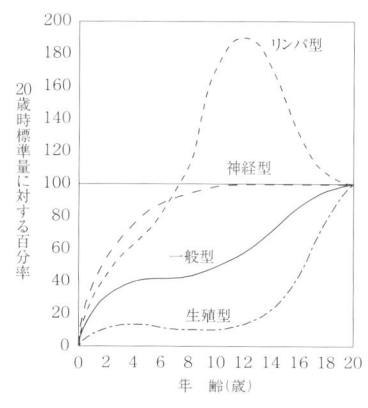

図2-3　身体各部の発達パターン
（Scamon, 1930）

の前傾)。これらを指して発達加速現象という。生活の都会化に伴い，栄養や医療・衛生面での充実が進んだこと，刺激（騒音等）が多いことなど，さまざまな要因が相乗的に作用して，発達加速を起こしているのではないかとの仮説が有力である。しかし近年では，このような成熟の低年齢化はほぼ停止している。なお思春期の前傾は，精神面の発達との間のアンバランスを招くなどの危険性を秘めているとの指摘もある。

## 2 運動技能の発達と指導

**1) 基礎的運動技能の発達** 運動技能は，単純な個々の筋肉の動きから，複雑な身体全体の動きまで階層をなしている。たとえば球技などの高度な動き（たとえばバレーボールのスパイクやバスケットボールのシュート）を考えてみると，走ったり，跳んだり，投げたりという個々の技能が組み合わされて成り立っている。そこで，これら個々の技能を基礎的運動技能という。また，基礎的運動技能には，筋力や持久力，敏捷性や平衡，リズムなどの要素があり，さらにそれらを支えるのは各身体器官の機能や体格である。

基礎的運動技能を示すにも，さまざまな尺度がある。日本においては現在，50メートル走，立ち幅とび，ハンドボール投げ（小学校はソフトボール投げ），20メートルシャトルランテスト，などが行われている種目である。

走る，跳ぶ，投げるという基礎的運動技能は，中学生頃に急激に発達する。これらの動作はいずれも，筋肉や内臓諸器官と感覚器官との密接な連携を前提とするものである。つまり，運動技能の発達は，神経系の発達と不可分の関係にある。

**2) 運動技能の指導** 小学生の教科の好き嫌い調査をすると，常に好きな教科の上位にくるのが体育である。子どもにとって身体発達の段階に応じた運動は，それ自体楽しいものである。また，適度な運動はたくましい身体と健康をもたらしてくれるものである。すでにみてきたとおり，身体発達は青年期に急激に進み，完成していく。一方，児童期までの段階では，基礎的な体力，とりわけ筋力が備わっていない。このために，むやみと練習しても一定以上の成果が挙がらない運動種目も多い。運動技能の発達においても，レディネスを考慮するべきなのである。

運動によって身体の特定部位に障害を受ける児童生徒が，少なからずみられる。野球の投手が腕を痛めたり，サッカーの選手が膝を痛めたりする場合である。身体に障害を及ぼすような練習のやり過ぎは，本末転倒といわざるをえない。こうした過度の練習に陥ることのないよう，合理的な指導を進めなければならない。発達状況に応じた方法を採り入れたり，特定技能，特定種目にこだわらないで，まったく別のスポーツの動きを入れてみるなど，工夫次第であろう。

### 3　子どもの健康と身体

1)　**子どもの生活環境の変化と身体**　子どもの健康をとりまく環境は大きく変わっている。特に子どもの食事や運動が量，質ともに変わっている。具体的には，都会化，遊びの変化（ゲームやテレビ），塾通い，全般的な運動不足などである。都会では，特に，安心して遊べる広場を確保することが難しい。

文部科学省の調査による幼稚園，小，中，高等学校における疾病異常の被患率を見ると，1998 年から 2008 年度にかけて，むし歯のある者，幼稚園や小学校での寄生虫卵の保有者など，減少している項目もみられる。12 歳の永久歯の 1 人あたりむし歯等の数は，この 10 年間でほぼ半減している。

しかし一方，ぜん息のように増加傾向にある疾患もある。「アトピー性皮膚炎やじんましんなどのアレルギー性疾患の子がいる」という報告は増えている。アトピー性皮膚炎の増加の原因は特定されていないが，これも環境の変化と深くかかわっていると考えられている。

以下には，特に最近目立つ問題を具体的に 2 つとり上げてみよう。肥満の多さや視力の低下である。

2)　**多い肥満**　肥満の判定　肥満の判定には，実に多くの基準が考案されてきた。①ローレル指数を用いる方法（たとえば 160 以上を肥満児とする）や，②同性，同年齢の身長別平均体重より 20% 大きいものを肥満児とする方法，③皮下脂肪の沈着の程度をもって判定しようとする方法などが知られている。しかし，どの方法にも欠点があり，特定個人が肥満であると言える絶対の基準はない。よって，これらの数字はあくまでも参考とし，心身全体としての健康度に注目すべきである。

## 肥満の現状

肥満傾向児（上記②の方法による）は，男子では9歳から17歳で10%を越えている。(文部科学省，平成20年度学校保健統計調査報告書速報)。肥満傾向児の比率は，男子が15歳児，女子が12歳児でもっとも高い。

## 肥満の原因と問題点

すでに1節で述べた通り，子どもたちの身体は「加速度的」に発達している。現代日本の子どもたちは，きわめて豊かな食生活に恵まれて育っている。しかし，皮肉にも運動不足，過食や極端な偏食など，肥満が生じやすく不健康な状況も出てくる。

肥満には代謝異常によるような場合もある。しかし，現代の肥満の多くは，運動量に比べて摂取カロリーの多すぎること（つまり過食）が問題である。また，ストレスは過食の原因になるとされている。心理学的な要因も，肥満には大きくかかわっているのである。

肥満は循環器系をはじめとする諸器官の異常の要因となりやすい。また，肥満の子どもは，運動不足であることが多く，苦手意識からますます身体を動かさなくなる，という悪循環に陥ってしまう。その結果，運動の面ばかりか，心理的な面でも消極的になってしまいやすいなどの危険を抱えている。よって，早い時期に適切な指導をしていくべきである。

なお，肥満児に比べると，やせすぎの子どもは問題にされることが少ない。しかし，女子に多くみられる「思春期やせ症」のように心理学的な原因を含む場合もあり，注意が必要である。

3) **視力の低下**　近年，近視も多い傾向にある。小学校，中学校，高校と進むにつれて裸眼視力1.0未満の子どもの割合が増加していく。裸眼視力0.3未満の子どもは，幼稚園では0.8%でしかないのに対して，小学校では7.1%，中学校では22.4%，高校では28.4%と増えていく（文科省，平成20年度，同）。

このような視力低下の背景には，肥満と同様，子どもたちの生活の変化がある。テレビゲーム機器の普及など，遊びの変化が影響しているとの指摘もある。

### 4　神経系の発達

1) **神経系の構造と機能**　われわれは，環境の変化を知ってそれに適応し，

また自ら積極的に働きかけることで環境を変えて生きている。これを身体の器官にあてはめて考えると，外界について知る役割をするのが感覚器官（受容器）であり，行動する側面を担うのが筋肉や腺などの効果器である。

　受容器と効果器との橋渡しをし，調整するのが神経である。一部の下等な動物を除き，各種の動物の神経では個々の細胞の役割が分化している。そして，全体として秩序を保ち，複雑な機能を果たすまでに発達している。そこで，神経のつくり上げているシステムという意味で，この機構を神経系とよんでいる。

**ニューロン**

神経系は，膨大な数のニューロン（神経細胞）が，複雑に絡み合ってできている。ニューロンの形や大きさは実に多様である。しかし，個々のニューロンはいずれも，受容器や他のニューロンから刺激（インパルスとよばれる信号）を受けとり，自ら信号を発生させたり，他のニューロンに信号を送り出す働きをする。ニューロンの基本的な形態を，図2-4に示す。ニューロンは，1つの細胞体とそこから伸びる多くの突起から成る。これらの突起のうち通常1つの特に長い突起を軸索とよび，その他を樹状突起とよぶ。軸索の末端は，他のニューロンの細胞体や樹状突起と連絡している。なお，神経組織内には，グリア細胞と呼ばれる別の細胞も数多く含まれ，ニューロンに栄養を与えるなどの援助をする。

**シナプス**

　信号や情報の伝達というと，電話を思い浮かべる人がいるかもしれない。確かに，神経系の信号も電気的な性質をもっており，信号の性質自体は似ている。しかし，神経系における信号の伝達は，電線や光ファイバーを信号が伝わる仕

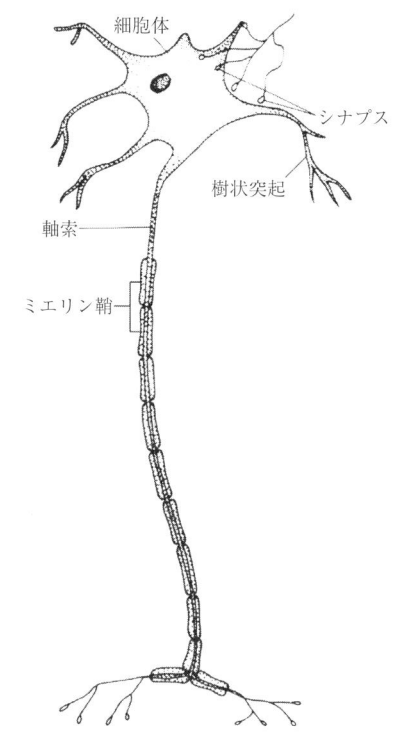

図2-4　ニューロンの基本構造
（ジンバルドー，1983）

組みとは異なる。神経系における伝達方式は、リレーや伝言ゲームにもたとえられるものである。膨大な数のニューロンが次から次へと働いて、全体としてようやく目的を達成している。

ニューロンとニューロンとは、シナプスと呼ばれる非常にわずかな間隙で接している。そこでは通常、信号がさまざまな化学物質を介して伝えられる。シナプスにおける信号伝達のしくみは複雑であり、その全体像はまだ解明されていない。

2) **神経系の発達**　神経系のしくみについてみてきたが、次にその発達について考察しよう。人間の脳の平均重量が体重に占める比率は、成人では約2.5％であるのに対して、出生時においては約12％にも及んでいる。赤ん坊はひどい「頭でっかち」なのである。(図2-2参照) また、スキャモンの図式(図2-3)を思い出してもらうとわかるように、神経系は他の臓器に先立って発達する特徴を示す。

**シナプスの増加**

出生後の神経系の発達とは、1つには樹状突起や軸索の発育やシナプス数の増加、つまりニューロン間の新しいネットワークの形成を意味している。突起の発育においては、枝分かれが頻繁に生じ、いわばネズミ算式に新しい結び付きができていくのである。

環境によって、ニューロンの発達が大きく左右される。たとえば、ラットを用いた実験の結果、「豊か」な(刺激の多い)環境で育ったラットの方がグリア細胞の数が多いとの報告がある。また、ネットワークの発育状況も、「豊か」な環境の場合の方が良いといわれている。

**髄鞘の発達**

神経系の発達においては、もう1つ重要な変化があることがわかっている。それは、軸索にしだいに髄鞘と呼ばれる覆いが取り巻いていく事である。髄鞘は、電気コードの被膜にも例えられる役割を果たす。つまり、この覆いはミエリンという絶縁性の高い物質を含み、信号の伝達効率を高める。髄鞘の完成する時期については諸説あり、はっきりわかっていないようである。この他、神経系が信号の伝達速度を速め、整然とその機能を発揮する様子は巧妙であり、驚嘆させられる。

シナプスの増加と，髄鞘の発達は，いずれも乳幼児期（生後6カ月がピークと言われる）に集中して生じる特徴がある。最近，幼児教育の重要性を強調する声をよく聞くが，ここで述べてきたような神経発達に関する知見も影響しているようである。

3）　神経系の秘密の解明　　神経系の機能や発達の神秘については，近年多くの研究成果があった。一方，人工知能などコンピュータ研究の分野からも，脳の仕組みに関心が寄せられている。脳とコンピュータとは，しばしば比較して論じられる。しかし，現在のコンピュータに関するかぎり，脳との共通点はあるものの，違っている部分の方が多い。そこで，脳と同等の役割を果たし，あるいはそれを越える機能をもつ機械を作りたい，という願望も現れてくる。そして，そのためにはまず脳の秘密を明らかにしなければならない。今後も，多くの分野の学者が協力して，神経系のしくみとその発達の秘密を究明していくであろう。

## 第2節　子どもの知覚と注意の特徴

われわれは，生後まもなく外界の環境を知覚し興味あるモノや人に注意を向け，積極的にかかわろうとすることが知られている。このような乳幼児期の知覚・注意機能は，その後のさまざまな発達の土台ともなるため重要である。この章では，新生児期から青年期にわたって発達する知覚・記憶の特徴に関して，紹介していくことにしよう。

話すことのできない赤ん坊が，どのように外界の環境を知覚し興味あるモノや人に注意を向けているかを知るには，赤ん坊の反応や行動を目印にして，その特徴を調べることが必要だ。現在では，さまざまな研究手法が考案されている。

### 1　視覚的選好法

目新しいモノや興味あるモノを凝視することで，その刺激に注意を向けていることがわかるように，赤ん坊もそのような視覚的な好みを示す。視覚的選好

法とは，乳児がある刺激の変化に敏感に反応し，その変化に視線や頭を向けるといった反応傾向，いわゆる定位性反応の傾向を利用して赤ちゃんの知覚，注意の特徴を知ろうとする試みである。たとえば，ファンツ（Fantz, 1966）は，生後 48 時間の新生児から 6 カ月の乳児は，単純な図形よりも複雑な図形を長く注視する（選好注視）ことを明らかにしている。特に，そのなかでも人の顔刺激は一番注視時間が長くなることも示している（図 2-5）。

### 2 馴化・脱馴化による方法

好奇心が強い赤ちゃんは，新しい刺激が呈示されると，その変化に積極的に反応することが知られている。たとえば，身体運動やおしゃぶりの頻度が増すといったものである。ただし，同じ刺激が反復されるとやがて

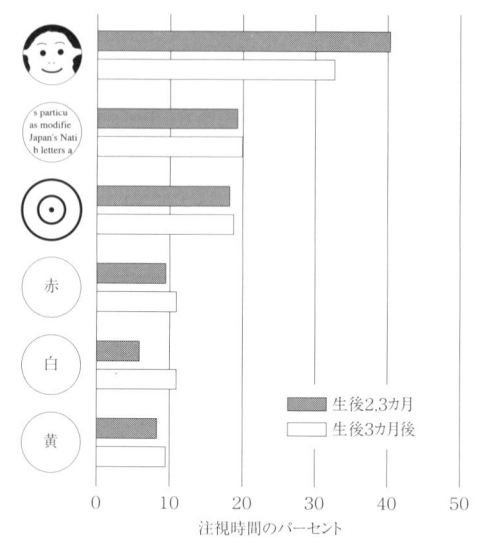

図 2-5 新生児，乳児における刺激への選好

慣れ，反応が減少してくる（馴化）。しかし，その時点で新しい刺激を与えると，また反応が回復する（脱馴化）。この方法を利用して赤ん坊の知覚の特徴を知ろうとする試みである。4 カ月の乳児に，［PAH］という言語音をきかせると，はじめはおしゃぶりの頻度が増加するが，その後次第にその頻度が低下し（馴化），その時点で［BAH］という新しい子音節で始まる音節を聞かせると，またおしゃぶりの頻度が増加することをエイマス（Eimas, 1985）は示した（脱馴化）。さらに，生後 1 ～ 2 日の新生児でもおとなの話しかけや話しことばと，モノを叩く音や母音の連続音とを識別できるようになる。

## 第3節 思考と知能の発達

### 1 思考の発達

思考とはなんらかの事態について、心のなかでその事態を分析し、その事態に対処する適切な方略を考える働き、あるいは過程である。この思考の発達について、本格的な研究を行った1人にピアジェがいる。

ピアジェは、現在もっている知識や概念の枠組み（シェマ）に外界を取り込む同化機能と、現在もっている枠組みを外界にあわせる調節機能と、その両者のバランスをはかる均衡化を繰り返しながら思考は発達すると考えた。

1）乳児期（感覚運動期）　この段階の子どもは外部世界とのかかわりを感覚と運動の協応によって行い、環境に適応している。この段階は、以下の6つに分けられる。①原始反射の行使：新生児は生得的にもっている原始反射を行使することによって外界に適応しようとし、この原始的なシェマを能動的に使いながら、わずかずつ意図的な行動へと変容させる調節を行う。②第一次循環反応：シェマとシェマの結合によって、指吸いを繰り返すなどの循環反応が生じる。③第二次循環反応：乳児は、外界に生じる変化に興味をもつようになる。乳児はある目的のための手段として行動を繰り返すようになる。④第二次循環反応の協応：ある特定の目標を達成するために、それまで獲得したさまざまな第二次循環反応のシェマを協応させはじめる。⑤第三次循環反応：外界に意図的、能動的に働きかけ、そこに新しい変化を作り出し、その変化に対応した新しい手段を発見しようとする第三次循環反応が見られるようになる。この時期は新奇性を求め、探索活動がさかんになる。

#### a）手段―目的関係の成立

感覚運動期の第3段階では子どもは既有のシェマを用いて熟知した結果をもたらすことを反復して行う。これは手段―目的関係について原始的な因果関係を把握し始めたことを示している。

第4段階では、乳児は既有の使い慣れたシェマを新しい事象・事態に適応し始める。乳児は欲しいものと自分との間になんらかの障害があるならば、その

目標に到達するために，障害物を排除しようとする。
  b）象徴機能の発現
　われわれはつねに環境から，非常に多くの刺激を受け取っている。この刺激のなかから，有用な刺激特性を抽出し，それを手がかりにモノや事象をまとめたり，分類したりする。このような機能を象徴機能という。この時期子どもは感覚運動的に，モノから直接受け取る刺激から離れて，そのものを指示し，象徴する機能をもつ信号を使用するようになる。子どもは目の前にない対象（表象）を思い浮かべたり，それらを関係づけたりできるようになりごっこ遊びのような象徴遊びができるようになる。また，子どもは模倣する対象が眼前から去って長時間経過したとき，動作を模倣する遅延模倣が見られる。この象徴機能の1つとしての言語獲得の準備となり，一段と活発に活動し始めると，次の前操作段階に入る。
  2）幼児期（前操作期）　前操作段階になると，象徴機能の発達によって，認識が表象にもとづいてなされるようになるが，時間や空間から完全に自由になったわけではなく，知覚的水準にもとづいているので，事象の認識は見かけに支配される傾向がある。
  a）前概念的思考
　ことばが使えるようになっても，まだことばには真の概念としての機能が十分に備わっておらず，いわば前概念といわれる状態である。幼児は前概念をつなぐ推理として「転導的推理」を用いる。これは自分の立場からものを考え，原因と結果を間違えるものである。たとえば，ミカンを食べたい子どもが，「みかんは緑色から，黄色になったときに食べられる」と聞いて，「バナナが黄色だから，みかんも黄色になった」と推理してしまうような場合がある。
  b）直観的思考と保存課題
　4歳を過ぎると，前概念的思考はほぼ克服され，思考は次第に論理性を帯びたものになってくる。しかしまだ操作的な水準とはいえないが，対象の直観的特性が推理を支えつつ，ある程度分節化されてくる。ピアジェはさまざまな保存課題によって，このような思考の特徴を示した。
　たとえば，数の保存課題では，数個の並べられたビーズの下に，同数のおはじきを並べる課題において，ビーズを広げて並べなおすと，広げたビーズの方

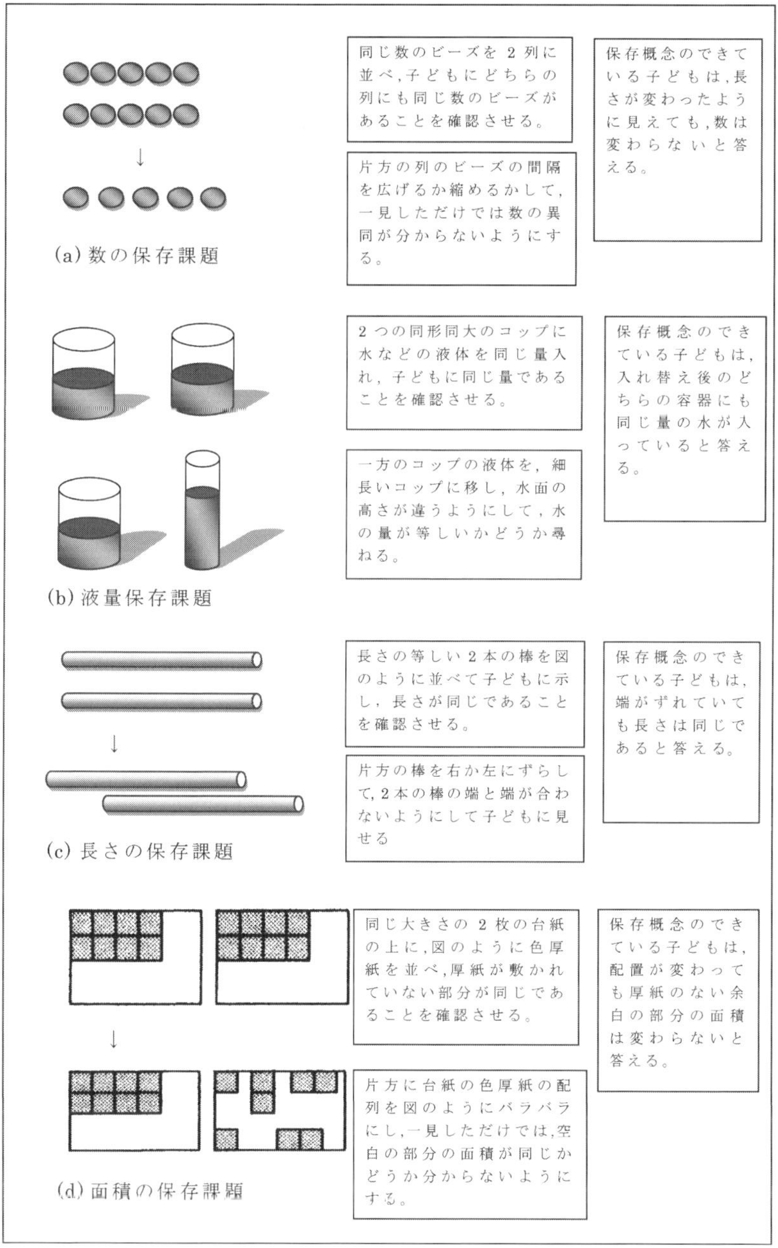

第2章　発達と成長の具体像　43

| 課題 | 手続き1 | 手続き2 | 保存概念ができている子どもの反応 |
|---|---|---|---|
| (a) 数の保存課題 | 同じ数のビーズを2列に並べ、子どもにどちらの列にも同じ数のビーズがあることを確認させる。 | 片方の列のビーズの間隔を広げるか縮めるかして、一見しただけでは数の異同が分からないようにする。 | 保存概念のできている子どもは、長さが変わったように見えても、数は変わらないと答える。 |
| (b) 液量保存課題 | 2つの同形同大のコップに水などの液体を同じ量入れ、子どもに同じ量であることを確認させる。 | 一方のコップの液体を、細長いコップに移し、水面の高さが違うようにして、水の量が等しいかどうか尋ねる。 | 保存概念のできている子どもは、入れ替え後のどちらの容器にも同じ量の水が入っていると答える。 |
| (c) 長さの保存課題 | 長さの等しい2本の棒を図のように並べて子どもに示し、長さが同じであることを確認させる。 | 片方の棒を右か左にずらして、2本の棒の端と端が合わないようにして子どもに見せる | 保存概念のできている子どもは、端がずれていても長さは同じであると答える。 |
| (d) 面積の保存課題 | 同じ大きさの2枚の台紙の上に、図のように色厚紙を並べ、厚紙が敷かれていない部分が同じであることを確認させる。 | 片方に台紙の色厚紙の配列を図のようにバラバラにし、一見しただけでは、空白の部分の面積が同じかどうか分からないようにする。 | 保存概念のできている子どもは、配置が変わっても厚紙のない余白の部分の面積は変わらないと答える。 |

図2-6　ピアジェの保存課題の例

が多いと答えてしまう（図2-6 (a)）。

保存課題については，数以外に，物質量，重さ，体積などについても調べられており，前操作期の子どもは，見かけの長さや高さにまどわされて誤った回答をしてしまう。見かけが変わっても，数あるいは量は変わらない（つまり，保存されている）ことに気づかないのである。この保存課題は，課題によって正答に達する時期に相違がある。

### c) 自己中心性

幼児は自分とは異なる複数個の視点があることに気づかず，自分の視点，観点からしか考えることができない。このような認知の特徴をピアジェは自己中心性と呼んだ。これはこの段階の子どもの世界観・自然観の背後にある認知の基本的姿勢をさすものであり，性格としての利己主義とは異なっている。なお，この誤解を避けるため，ピアジェは後に自己中心性を「中心化」と言い換えている。

自己中心性から生じる思考の第1の特徴は，自分の立場以外の客観的なものについてその関係の理解が困難なことである。たとえば，「三つ山課題」をみてみよう（図2-7）。所定の位置（たとえば，A）にいて，他の2方（たとえば，BやC）からの視点に立った場合を想定してさまざまに描かれた絵を正しく選べない。この課題に正しく答えるためには，子どもは自分の見え方が唯一のものではないことに気づき，別の場所にいる人形の見え方に対応させるようにして，自分に見えている風景を心のなかで回転させなければならない。

第2の特徴は，自己の範囲である主観的世界と，外界や他者の範囲である客観的世界が未分化なことである。つまり，自分の心の内面と外界との区別が十分ではなく，そこから，無生物も含めたすべての事物には生命と感情があるとみなすアニミズム（animism）という世界観が生まれる。

### 3) 児童期（具体的操作期）

7歳ぐらいになると，子どもの思考は「脱中心化」が進み，「操作」が現れる。しかしこの操作を適用できるのは，子ど

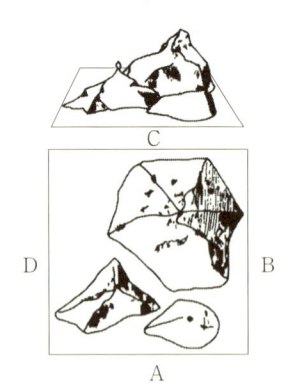

**図2-7**「三つ山課題」

もが直接扱うことのできる事物,あるいはその具体的イメージに限定されている。ピアジェはこの具体的操作が形成する構造を「群性体」と名づけている。群性体はクラスと系列に関するものに分かれている。

　a) **クラス包含**
　あるクラスが同時にもう1つ大きなクラスの部分であることがわかることである。たとえば,箱の中に木製の玉が入っており,その大部分が茶色で,残りは白色であった。そこで前操作期の子どもに「茶色の玉が多いですか,木製の玉が多いですか」と聞くと,子どもは「茶色の方が多い」と答える。次に,「玉は全部木製ですか」と聞くと,子どもは「そうです」と答える。

　b) **保存概念の獲得**
　保存の概念の獲得は前操作期から具体的操作期への移行を証明するものである。保存を獲得するためには,①同一性(取ったり,加えたりしていないので,同じである),②可逆性(変形したものはもとの形に戻すことができるので,両者は同じである),③補償性(一方が小さくなった分,もう一方は大きくなっているのだから,相互に埋め合わされている)といった3つの論理規則の獲得が必要である。

　もしこれらの規則が完全に一般化されていれば,さまざまな保存課題はすべて同じ時期に獲得されるはずである。しかし,これらの規則を学んだならば,子どもはあらゆる思考の場面で,これらの規則を利用できるようになるわけではない。保存の概念の獲得は,保存課題によって異なっている(表2-1)。保存の成立の順序は数,物質量,長さ,面積,重さ,体積の順である。

　4) **青年・成人期(形式的操作期)**　12歳頃から青年期以後の全体を特徴づける思考をピアジェは形式的操作と呼んだ。こ

表2-1　物質量 重さ 体積の保存が成立する時期
(Piaget & Inhelder, 1963)

| 年齢 | 5 | 6 | 7 | 8 | 9 | 10 | 11 |
|---|---|---|---|---|---|---|---|
| 物質量 | | | | | | | |
| 非保存 | 84 | 68 | 64 | 24 | 12 | — | — |
| 移行的 | 0 | 16 | 4 | 4 | 4 | — | — |
| 保存 | 16 | 16 | 32 | 72 | 84 | — | — |
| 重さ | | | | | | | |
| 非保存 | 100 | 84 | 76 | 40 | 16 | 16 | 0 |
| 移行的 | 0 | 4 | 0 | 8 | 12 | 8 | 4 |
| 保存 | 0 | 12 | 24 | 52 | 72 | 76 | 96 |
| 体積 | | | | | | | |
| 非保存 | 100 | 100 | 88 | 44 | 56 | 24 | 16 |
| 移行的 | 0 | 0 | 0 | 28 | 12 | 20 | 4 |
| 保存 | 0 | 0 | 12 | 28 | 32 | 56 | 80 |

数字は各年齢25名中の人数比(%)

の時期になると，仮説演繹的な思考や抽象的な思考が可能になり，純粋に論理的な問題の推論もできるようになる。つまり，具体的操作と比較して，具体的な事物，状況から解放されて，言語的，抽象的次元で思考が展開できるようになるという特徴がある。たとえば，愛や勇気など抽象的なものがわかるようになったり，食塩水は同量の水より重いことなどが理解できるようになったりする。

5) ピアジェ理論への批判　以上のようなピアジェによる説明をみると，幼児期の子どもの認知は，全く非論理的なものである。確かに，ピアジェと同じ方法で実験を行えば，ピアジェと同じ結果が得られることが世界各地で確かめられている。しかし，1980年代くらいからピアジェ理論への批判も提出されるようになっている。

a) 非論理的ではない幼児

シーガル（Siegal, 1991）は，ピアジェの用いた実験方法の不適切さを指摘し，ピアジェ課題で子どもが有能でないのは，実験者の質問が子どもに理解できなかったり，子どもにとって無意味な課題であったりするからだと指摘している。

シーガルはピアジェの数の保存課題で，質問を繰り返さず，同じ数のおはじきを小さくまとめておいたものと，広げておいたものとをはじめに見せて，2つのおはじきが同じ数かどうか尋ねると，通常の手続きによる場合に比べて，より多くの3～5歳児が正しく反応することを示した。つまり，「おはじきの数は同じですか」という同じ質問を繰り返された子どもは，「2つの列のおはじきの数は同じだ」という以前の答えは間違っているというメッセージとして受け止めたのかもしれない。だから，2度目の質問に対しては，おはじきの間隔が広がった列を多いと答えたのかもしれないのである。

b) 幼児の日常体験に即した思考

また3つ山問題について，ドナルドソン（Donaldson, 1978）は3つ山の麓に農家を置き，その山の周囲に鉄道の線路を敷き，そこを電車に乗ったクッキーモンスター（幼児向テレビ番組の人気キャラクター）が走り回るという状況にして，山の向こうにいるクッキーモンスターから見える風景を推測するよう子どもたちに求めた。その結果，通常のピアジェ手続きの場合に比べ，より

多くの子どもが，自分から見える風景ではなく，クッキーモンスターから見える風景を正しく推測したのである。つまり，子どもの能力を調べるためには，人工的な状況ではなく，子どもたちが日常経験しているような場面，すなわち課題の生態学的妥当性が重要であると指摘されたのである。

　以上の研究が示していることは，幼児期の子どもが能力を発揮するためには，子どもの日常的に接するような場面で検討することが必要であり，そのようなときには，ピアジェが仮定したよりも，子どもははるかに有能だということである。幼児は日常的な活動のなかにおいて，豊かな知識を獲得し，その知識にもとづいてさまざまな推論を行うことができるのである。

## 2　知能の発達

1）知能の定義　　知能ということばは古くからいろいろな場面で使われてきているが，一般的には，知的な働き，つまり「頭の良さ」を指すことばとして使われてきている。しかし，心理学ではさまざまな定義があり，一言で定義することは容易ではない。知能の定義を大別すると次の4つに分けられる。

(i) 知能を抽象的な思考をする能力とする定義——今日の知能検査の創始者であるビネーは知能の本質的機能として，①問題解決まで思考に一定の方向をとり続ける能力，②本質を理解し，目的達成のために適応する能力，③解決が正しいかどうかを自己批判する能力をあげている。知能指数という概念を導入したターマンは，知能を抽象的思考力と定義した。

(ii) 知能を環境に適応する能力とする定義——ウェックスラーは知能を個人が合目的的に行動し，合理的に思考し，自分をとりまく環境に対して，効果的に対処する総合的な能力とし，知能の本質を抽象的思考に限定せず，情意的性格的能力も含まれた総合的能力とした。ピアジェは，知能とは有機体と環境との同化的，調節的相互作用が均衡を形成する過程であるとした。スターンバーグは環境に適応的に順応し，経験の助けを受けることのできる個人の能力とした。

(iii) 知能を知能テストで測定されたものとする定義——ボーリングは，操作的に知能を知能検査で測定されたものであるとした。

(iv) 知能の実用性を重視する定義——近年は，従来の知能研究の偏りを指

摘し，知能の実用性を重視する定義が出されてきている。たとえば，チャールズワース（Charlesworth, 1979）は知能を，①テストあるいは問題解決課題が提示されたときの，知的に行動する素質ないしは，潜在性の知能と，②自然で，日常的な状況で要求され，喚起される知能に分け，後者の知能の重要性を指摘している。また，ワーグナーとスターンバーグ（Wargner & Sternberg 1985）は知能を，①アカデミックな知識と，②実用的な知識の2領域に分けている。とくに後者は，暗黙の知識とも呼ばれる知能である。教えられなくても，生活の過程で，適応上の必要から，自然に獲得される知能であり，これは知能テストによる知能指数とは低い相関しかないが，実生活に役立つ知識とは高い相関がある。

2）**知能の構造**　知能の構造をどうとらえるかに関して2つの考え方がある。すなわち，知能は，諸要素に分解できない一般的，包括的な機能であるとする考え方と，一連の相互に独立した諸成分の集合体であるとする考え方である。

前者の考え方の代表的なものとしては，全知能検査に共通する一般知能因子（g因子）と，個々の検査に固有な特殊知能因子（s因子）とから成り立つとするスピアマンの2因子説がある。また，バートあるいはヴァーノンは全下位検査に共通な一般因子と，いくつかの下位検査にのみ共通な群因子の知能の階層構造を提唱している。キャッテルは一般因子を生物学的に規定される流動性一般知能因子（gf）と，後天的に学習や経験によって獲得される結晶性一般知能因子（gc）に二分して考えている。

一方，後者の立場としては，サーストンの多因子説をあげることができる。サーストンは一般知能を仮定しないで，多数の下位検査項目の因子分析をもとに，7つの基本的知能因子（空間，知覚，数，言語，記憶，語の流暢さ，推理）を見出した。また，ギルフォードは知能の構造として，内容，所産，操作の3次元をもった立体模型を仮定し（図2-8），120個の知能因子を仮定した。

ただし，ギルフォード（Guilford, 1988）は後にこの考え方をさらに発展させ，内容の次元の図形を視覚と聴覚に，操作の次元の記憶を記憶の記録と記憶の保持とに分けるモデルを提唱し，計180個の知能因子を仮定している。

3）**知能の測定**　知能の測定はビネーとシモン（1905）による知能テスト

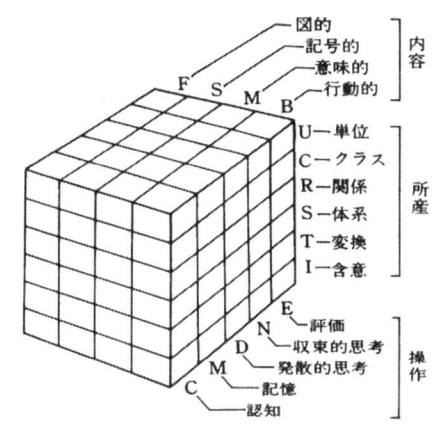

図 2-8 知能の立方体（Guilford, 1967）

（intelligent test）から行われるようになった。かれらは，フランス政府の要請を受けて，修学困難な児童を早期に発見するための方法として開発した。

a）知能テストのタイプ

知能検査は，以下のようにさまざまなタイプに分けられる。ただし，分類の間には重複がある。

(i) 知能の様式による分類　一般知能検査（総合的な知能を測定）と特殊知能検査（推理，記憶，数能力などの特殊な能力だけを測定）。

(ii) 問題の構成による分類　言語式検査（A式, $a$ 式），非言語式検査（B式, $\beta$ 式），および両者の長所を取り入れた言語・非言語混合式検査である。

(iii) 実施の方法による分類　個別式知能検査（原則的に，検査者と被検査者が1対1で個別的に検査を行う）および集団式知能検査（1人の検査者が同時に多数の被検査者に対して団体式に検査を行う）。

(iv) 検査の目的による分類　概観的検査および診断的検査。

(v) 発達検査　以上の知能検査は，乳幼児の測定には役に立たない。乳幼児用の検査としては，ゲゼル発達目録（Gesell Developmental Schedules），津守・稲毛式乳幼児精神発達検査法，遠城寺式乳幼児分析的発達検査表などがある。

個別式知能検査で広く用いられているものとしては，ビネー式知能検査（スタンフォード・ビネー，鈴木・ビネー，田中・ビネーなど），およびウェックスラー式知能検査（WPPSI, WISC-Ⅲ, WAIS-R）などがある。ビネー式知能検査はさまざまな内容の問題が容易なものから順に並べられており，総合的な精神年齢を知ることができる概観的検査の一種でもある。ウェックスラー知能検査では知能を言語性知能と動作性知能に分け，それぞれの知能指数を知ることができ，またそれぞれの知能の下位能力も評価点によって知ることができる診断的検査の一種でもある。

集団式知能検査は同時に多数の被検査者を効率よく検査できる。また採点基準が客観的であって，経験の浅い検査者でも容易に判定が可能であるなどの利点がある。反面，信頼度が低い。速度検査であるため被検査者の特性，検査の時の状態などに柔軟に対処できず，結果に歪みが生じる可能性があるなどの欠点がある。一方，個別式知能検査では被検査者の状態に応じた検査が可能であり，個々の細部の特徴について信頼度の高い結果が得られる。しかし，検査に多くの時間を要し，熟練した技術を必要とするなどの問題点がある。

b) 知能検査の表示法

(i) 精神年齢（MA, mental age）――ビネーとシモンの知能検査で最初に使われた。知能の発達の程度を示す指標である。ある生活年齢の集団の過半数（50から75%程度）が合格するような問題をその年齢級の標準問題とする。被検査者の精神年齢はどの年齢級の標準問題にまで合格したかによって求められる。

(ii) 知能指数（IQ, intelligence quotient）――シュテルンによって提案され，ターマンが開発した知能テストで最初に使用された。知能指数は以下のような式で計算される。

$$知能指数(IQ) = \frac{精神年齢（MA）}{生活年齢（CA）} \times 100$$

精神年齢と生活年齢が等しい者のIQは100となり，年齢よりも精神年齢が高ければ，100以上になる。

(iii) 知能偏差値（ISS, intelligence standard score）——知能テストによって測定された知能得点を，その個人が属する年齢集団の中に占める相対的位置によって表現する方法であり，以下のように計算される。

$$知能偏差値(ISS) = \frac{(テスト得点—当該年齢の平均点)}{(当該年齢の標準偏差)} \times 10 + 50$$

4) 知能の発達
a) 知能の発達的変化

知能検査の成績を縦軸にとり，生活年齢を横軸にとって各年齢ごとの検査成績をプロットしてみると，知能の発達曲線が得られる（図2-9）。横断的研究データによると，①知能検査得点は14，15歳くらいまでは年齢とともに著しく増加する。②その後20歳くらいまでは緩やかに増加し，ピークを迎える。③頂点に達した後，25歳くらいから知能検査得点は緩やかに減少し始める。④とくに，言語性検査よりも，動作性検査の得点の減少が著しいことなどが示されている。

しかし，近年の研究結果によると，知能の発達は青年期に終わるものではないことが示唆されている。たとえば，ホーン（Horn, 1968）は流動性知能が成人初期においては一貫して負に加速するとはいえ増大し続け，成人中期に減衰を始めるが，結晶性知能は生涯を通じて増大し続けることを示している。また知能のすべての側面が生涯の大部分を一貫して増大するか，少なくとも高い安定

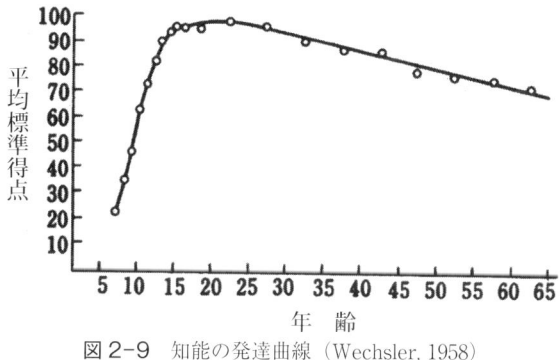

図2-9 知能の発達曲線（Wechsler, 1958）

また，スターンバーグ（Sternberg, 1988）は年齢が進むとともに因子は分化して相互に独立化の方向をとり，いくつかの因子が新たに形成される。スピアマンのように少数の重要な因子を仮定する理論は乳幼児の知能については適切であり，サーストンやギルフォードのような多因子理論はより年長の子どもやおとなについては適切であろうと述べている。

b) 知能の恒常性

ターマンはスタンフォード・ビネー知能検査を数多く実施した結果，知能指数が年齢とともにあまり変化しないことを発表した。これは知能指数の恒常性と呼ばれ，知能の発達に関する重要な知見として，一般に認められるものになった。児童に対して，数日ないしは数年の間隔をおいて知能検査を繰り返したところ，IQには大きな変化が見られないという一般的な傾向を見出したのであるが，彼はこれに相対的な意味しか与えなかった。ところが，知能検査の普及にともなって，IQが青年期に至るまで変わらないとか，幼児期に測定されたIQで将来の知的活動が予測できるなどの解釈がなされるようになってきた。

しかし，ホンチックらは，1歳〜18歳までの18年間のIQの変化を縦断的に検討したところ，IQが20以上変化した者が30%以上もいることを報告している。知能の一般的な発達傾向があるという意味では，知能の恒常性は認められる。しかし，個々の子どもの知能指数の変動には個人差が見られる。環境が知能の発達に及ぼす影響についても十分に配慮するべきであろう。

## 第4節　言語の発達

言語は，人にとってきわめて大切なものである。われわれは，当たり前のように，毎日ことばを使っている。われわれは自分の考えを人に伝えるために多くをことばに依存しているし，考えるときにもことばを大いに利用している。時には，われわれの行動をコントロールするときにもことばを使用している。言語には，①伝達性（メッセージを伝えること），②生産性（新しいことばを生み出すこと），③時間的・空間的広がり（後世まで残り，広まること），④恣意性（ことばとその意味内容との結び付きは必然的ではないこと），⑤学習性

(学習され知識として身についていく）などの特徴がある。また，言語には，音声もあれば，文字もある。言語は，1つひとつの音（音韻，あるいは文字）もあれば，単語もある。さらに単語は一定の規則（統語，語用論）にしたがって文ができ，文の連なりによって文章ができている。ここでは，このように壮大な広がりを持った言語を人はどのように獲得していくのかを見ていく。

### 1　言語とは何か

　われわれは，生きていく中で，さまざまにことばを利用している。言語の機能として，①コミュニケーション機能，②思考機能，③行動調節機能の3つの機能が指摘できる。人間が情報を伝達するために用いるものは言語だけではない。たとえば，身振り，手振りなどで意思を伝達することもある。道路標識などは記号によって情報を伝達している。この情報伝達の中で主要な役割を担っているのが言語である。言語が比較的自由に使えるようになる幼児期以降には言語は思考を補助するようになる。幼児期には独り言によって思考を補助するが，発達とともに思考は内言化され，声に出さなくなってくる。また，かけ声をかけて行動を奮い起こしたり，抑制したり，タイミングを調節したりするときにも使われる。

　このような言語の獲得について，①音声の獲得（声を出し，組み合わせの方法の獲得），②ことばの意味の獲得（特定の音声，あるいは文字列のパターンがもつ意味の獲得），③統語の獲得（単語と単語をつなげて文を作る規則の獲得），④ことばの用法の獲得（状況や相手に合わせてどのようなことばを使うかという語用論的なことばの使用方法の獲得）の4つに分けてとらえることが出来る。

### 2　ことばの獲得

　新生児はことばを理解もしていないし，話すこともなく，泣くときか，気分のいいときに少し声を出す程度である。それが，1歳の誕生日が近づく頃には大人からの声かけをある程度理解し，意味のある単語もいくつか話すようになる。さらに小学校に入学する頃には3000語ほどの語彙をもち，大人との間でもある部分では対等の会話を繰り広げ，さらに読み書きも覚え始める。そして，

小学校の間に，大人とほぼ同じ水準の言語能力を持つようになる。ここでは，このような言語発達の過程について述べる。

子どもたちの獲得する言語能力にはさまざまな側面がある。話しことばを理解し，自らも話すことにより，他者と意思疎通を図る能力，文字を読み，書く能力，それらの背後には，話されたことや，文章を理解するために必要な語彙や文法の能力，他者の言いたいことや自分の言いたいこと，文章が伝えたいことなどを理解し，伝える能力，さらに，会話では状況や相手に応じて話し方や表現を変えることもことばの能力として重要である。また，ことばのなかに直接含まれない意味を理解し，伝えることなどもことばの能力の大事な側面と考えられる。

1) **最初の1年——音声の獲得** 新生児がことばのような音を出せない理由の1つには，口腔の骨格の形が大人と違うことがあげられる。新生児の口腔は，大人と違い，乳汁が間違って気道に入らないよう喉頭蓋と軟口蓋の先端（口蓋垂）は重なり合っている程に接近しており，そのため口の中は非常に小さく，さまざまな音を出せないのである（図2-10参照）。つまり，新生児はことばを話すのに十分な機能を持たずに生まれてくる。しかし，ことばを使用できるようになるための準備を始めている。たとえば，林（1999）によれば，生後10日の新生児はすでに「バ／ダ」と「バ／ビ」の音を区別できることを示しており，新生児は言語音の特徴検出が可能な能力を持って生まれてくるのである。そして，生後6週目頃から乳児は母親の話しかけに対して反応を示すようになる。発声はないものの，これはことばの機能としてのコミュニケーションの芽生えともいえるものであり，このような母と子のさまざまなやりとりがコミュニケーション能力の基礎となっていると考えられている。

3，4カ月ごろになると下顎骨や咽頭の成長が進み，多様な声を出す基盤が整い，人の声らしくなってくる。この頃から乳児は発声の仕方を練習しているかのように，喃語と呼

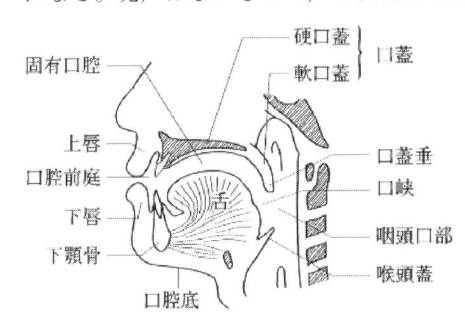

**図2-10** 成人の口腔の構造
（南山堂医学大辞典　第19版）

ばれる「ダーダー」とか「マーマー」といったような音声を繰り返し発するようになる。

　2）　初語・語彙の獲得――ことばの意味の獲得　　子どもが初めて発することばを「初語」という。生後10～12カ月頃にこの初語が発せられる。ネルソン（1973）は，この初語の分析から，最も多いのは「ボール」，「くつ」などの一般名詞（51%）であり，次に多いのは「ママ」，「パパ」などの特殊名詞（14%）で名詞だけで全体の65%を占めていることを示している。それらの単語は身近にあり，それ自体が動くものか，子ども自身が動かせるものである。また，この傾向は，子どもが発声し始めた初期の語彙においても同様の傾向を示しており，岩立・小椋（2002）は初期産出語の48%が普通名詞に分類されるものであり，次いで多いのが「挨拶」語であることを報告している（表2-2）。

　語彙の増加は，初めは非常にゆっくりとすすみ，15カ月頃には50語程度のことばを話すようになる。この話して使えることばのことを使用語彙と言うが，1歳半くらいから使用語彙は急激に増加し始め，2歳頃には200から300語程度になり，2歳半頃に500語になる（Barret, 1979）。そして，小学校に入る頃には，3000語～1万語もの語彙を獲得すると言われている。ただし，語彙の数え方には諸説があることと，語彙の量の個人差は大きいので，このように幅のある数値になってしまう。この語彙の発達過程は，あくまで目安と考えておくほうが良いが，幼児期に非常に多くの語彙をかなり速いスピードで獲得することは確かである。

　また，幼児期の初期には「ワンワン」を特定の種「イヌ」に対して用いるだけでなく，「猫」に対して用いるという語の使用の過拡張を行う

表2-2　初期産出語の分類（岩立・小椋，2002）

| 意味分野 | 幼児語を含めず分類した項目数 | | 幼児語を含めて分類した項目数 | |
|---|---|---|---|---|
| 幼児語 | 17 | (34%) | | |
| 普通名詞 | 14 | (28%) | 21 | (42%) |
| 　　食べ物 | 7 | | 8 | |
| 　　体の部分 | 4 | | 6 | |
| 　　動物の名前 | 2 | | 4 | |
| 　　衣類 | 1 | | 2 | |
| 　　乗り物 | 0 | | 1 | |
| 会話語・あいさつ・日課 | 9 | (18%) | 9 | (18%) |
| 人々 | 5 | (10%) | 8 | (16%) |
| 性質 | 2 | (4%) | 3 | (6%) |
| 代名詞 | 1 | (2%) | 1 | (2%) |
| 動作語 | 0 | (0%) | 4 | (8%) |
| その他 | 2 | (4%) | 4 | (8%) |
| 合計15～21カ月 | 50 | | 50 | |

ことがしばしばある。一方,「ワンワン」を自分の家の「イヌ」に対してだけ用い,「ネコ」を4つ足動物全体に用いるというように, 一般名詞を固有名詞的に使用する過小限定もみられる。このような, 子どものことばの意味の誤用は, 子どもの概念構造が不十分であるために起きるとピアジェは考え, このようなことが頻繁に起きる幼児期前期を前概念期としたが, ただ単に概念構造の不十分さだけがこの誤用の原因ではないであろう。むしろ, このようなことばに関する認識（般化）は, ことばを獲得していくための重要な認識といえる。たとえば, ケアリ（Carey, 1978）は子どもたちの知らないことばであっても, 幼稚園児が適切に推論し, 覚えていくことを示している。

　3) **文法の発達──統語の獲得**　ことばを話し始めた頃, 子どもはたとえば「ママ」とか「ンマッ」などのように1つの単語を発するだけである。しかし, 子どもは, その1つの単語だけで,「お母さん, お腹がすいたよ」とか,「これはお母さんのもの」といったような意味をもたせていると考えられており, 1語ではあるがすでに文の機能があると考えられており, これを一語文期とよんでいる。

　その後, 次第に語彙が増え, 18カ月くらいから,「パパ, イッタ」とか,「マンマ, トッテ」などのように, 子どもは一度に2つの単語を言うようになる。このような時期を二語文期といい, 文法の獲得が始まるのである。なぜなら, 子どもはただ単に無関係に2つのことばをつなげるのではない。子どもは単語を順序づける規則を持っているからである。この二語文期の単語のつながりの説明として, 文法を強調するものと, 意味を強調するものがある。もっとも有名な文法を強調するものとして, ブレイン（Braine, 1963）の軸―開放語アプローチがある。彼は, 使用頻度の高いことばを子どもが常に決まった位置に置くことを見いだし, この位置が固定された単語を軸語とよび, 前にも, 後ろにも置かれる単語を開放語とよんだ（図2-11を参照）。しかし, この規則に当てはまらない, 軸語同士を組み合わせる例も報告されており（Bowerman, 1973）, 軸―開放語アプローチは二語文の文法構造を十分に説明したもの

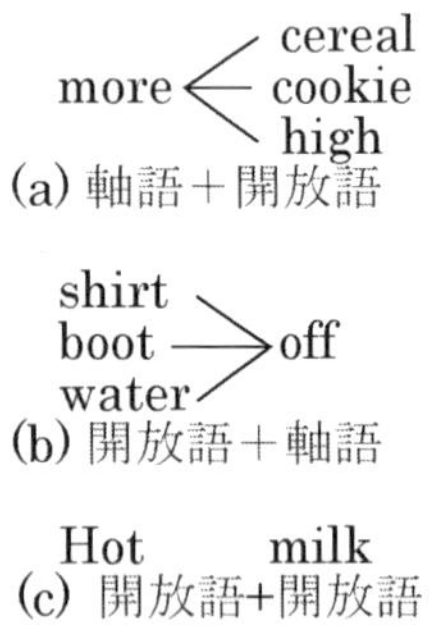

```
         ← cereal
  more ← cookie
         high
(a) 軸語＋開放語

  shirt
  boot  → off
  water
(b) 開放語＋軸語

  Hot    milk
(c) 開放語＋開放語
```

図2-11
ブレインが示した二語文の例（Braine, 1963）

にはなっていない。

　二語文の規則を説明する別の方法として，単語の意味の組み合わせからの分析アプローチがある。多くの研究が，二語文の規則が単語の意味関係によって語順が決定されることを示している。その意味関係とは，「動作主―動作：ママ，イッタ」，「所有者―所有されるもの：ママノ，ハシ」，「属性―対象：オオキイ，ワンワン」，「繰り返し：モット，ホシイ」，「消滅：マンマ，ナイ」などがある（Bloom, 1970）。

　二語文期以降，ことばの発達は，多方面にわたって，非常に速く進んでいく。構音の正確さ，文の多様さ，複雑さ，長さなど，すべてが急激に進んでいく。

　4）　初期の言語発達の個人差　　言語学習はさまざまな要素があり，さまざまな段階で，さまざまな程度で現れてくる複雑でダイナミックな過程である。図2-12は，ブルーム（Bloom, 1993）が，14人の子どもの縦断研究によって示した初語，語彙の急増，二語文の出現の範囲であるが，これらの能力の獲得期にはかなり大きな個人差があることが分かる。この個人差を引きおこす要因として，性差，出生順位，社会経済的地位，親の言語能力，子どもの気質などの内因的要因，認知要因，神経学的要因，言語学的要因などがあげられている（Bates, et.al, 1988）。

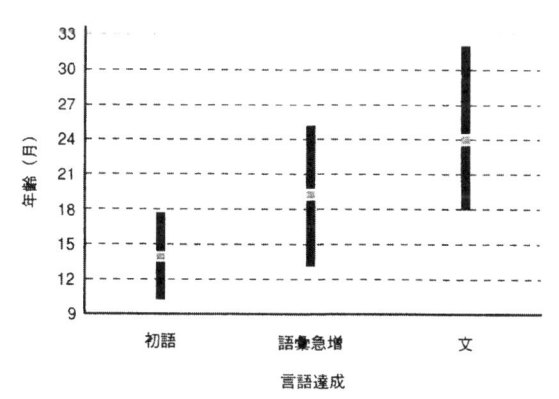

図2-12　言語獲得の3側面の開始時期の範囲（Bloom, 1993）

5）言語獲得の生得性と学習　ここまで，幼児期の言語発達について概観したが，子どもが獲得しなければならないことが膨大なものであることがうかがえる。また，大人は子どもに文法を直接的に教えることはしていない。同時に，大人自身ときどき非文法的な発話をする。子どもが言語獲得の過程で大人から与えられる言語的刺激は貧弱であるにもかかわらず，子どもは言語を獲得することができている。では，何故，子どもはこのような複雑な言語を速やかに習得できるのだろうか。この速さ，そして多様さをもったことばを生み出してくる言語発達を考えると，学習によってすべて説明することはできない。

　そこで，チョムスキー（Chomsky, 1957）は言語運用（言語を発話したり理解したりする実際のいとなみ）と言語能力を区別し，文化や言語に関係なく普遍的に適切な文を産出する言語獲得装置を人という種は生得的に備えていると考えた。チョムスキーの考えでは，複雑な統語規則をほとんどの子どもが獲得するが，これは大人が注意深く子どもの言語発達を指導した結果獲得されるのではない。子どもは言語獲得装置と彼が呼ぶ生得的なメカニズムをもっており，それは人間の脳にだけ存在し，言語を獲得するユニークな能力を人の子どもはもっているというのである。

　一方，ピアジェは，言語に特有の生得的プロセスよりも，認知発達のプロセスの完成を強調している。ピアジェによれば，言語の獲得のみが特有の装置をもっているのではなく，言語は世界を表象する広範な能力の1つであり，認知発達と密接に関係しているとされる。しかし，言語の発達過程を見てみると，統語の獲得においては認知発達の他の側面とは独立していることもわかってきており，必ずしも認知発達の一側面が言語であるとは言えない。しかしながら，同時に言語の理解や多様な言語の産出・理解を説明するときには，全般的な認知発達能力との関連性を無視することはできない。

　言語獲得の生得論に対して，大人が子どもに話しかけることばには，大人どうしで用いる言語とは異なる特徴が備わっており，これが子どもの言語習得を助けているのだとする学習を強調する立場もある。これは，母親語（マザリーズ，motherese）とよばれる（Ninio & Bruner, 1978）。大人は子どもに話しかけるとき，大人に対して話しかけるときと異なり，高い声で，ゆっくりと，休止を多く入れ，はっきりとした抑揚で，短い文を使って話しかける。また大人

の子どもへの話しかけは繰り返しが非常に多い。これらの声調は、子どもの注意を特定のものに向けさせたり、乳児に向かって語りかけている特定の人物の声だけを選択させたりするのに役に立っている。

チョムスキーやピアジェの理論とは異なる社会文脈的な言語発達の要因を強調する理論もある。話しことばはコミュニケーションとして社会的な文脈において使用されているが、ヴィゴツキーは認知発達における社会的相互交渉の重要性を強調している。またこのヴィゴツキーの影響を受けたブルーナー(Bruner, 1983)は、養育者から話されたことばを子どもが解釈するとき、なじみ深い社会的文脈が助けとなるとし、「極端な経験主義の不可能な説明に固執したり、純粋な生得説に固執していては、われわれはほとんど前に進めないだろう」と主張している。

このように、言語の発達のすべてを生得性で説明することはできないけれども、人に特有の言語発達の装置を生得的に持っていることも否定できない。おそらくは、生得的な言語発達装置を人はもっているが、学習とは無関係に遺伝によって言語発達が決定されるのではない。子どもの言語発達に関係するプロセスは、子どもの全体的な認知発達と、特殊な言語能力、そして子どもの言語経験との複雑な相互連関の結果ととらえられるであろう。

## 3 読み書きできるようになる（読み書き能力）

1) 読むことと書くことの始まり　現代の子どもたちの多くは、小学校に入る前にひらがなの読み書きを可能にしている。島村・三神（1994）によれば、71文字のひらがなのうち、読めるひらがなは年少児（4.2歳）で、18.6文字、年中児（5.2歳）で49.7文字、年長児（6.2歳）で65.9文字である。また、天野（1986）は子どものひらがなの読字と書字には発達差があることを示している（読字可能数の平均は5歳児で平均53.0文字、4歳児で33.5文字、書字可能数の平均は5歳児で26.0文字、4歳児で10.8文字であった）。

読字数は子どもたちが文字を読み始めるとき、だんだんに増えていくのではなく、数個の文字を読めるようになると、その後は急速に多くの文字を読めるようになっていく。これは幼稚園や保育園、あるいは家庭で文字を教えられることの影響もあるが、子どもたちの日常生活や遊びの中に埋め込まれた形で習

得されていく。たとえば，よく行くファミリーレストランの看板を見て，あたかもその看板を読むふりをして，その名前を言うようになり，いつの間にか，そこに使われている文字のいくつかを単独で読めるようになっていく。また，いつも読み聞かせしてもらっている絵本を1人で見ながら，読むふりをしたり，自分の名前を書くふりをしたりする。こうした日常の活動のなかから，子どもたちは音韻意識を発達させていく。音韻意識とは，話されていることばの1つひとつの音（音韻）に注意を向け，その音を操作する能力のことである。この音韻意識の発達には，しりとりや，なぞなぞ，歌遊びなどが密接に関係している（高橋，1997）。

　このように，子どもはことばについて意識化して考えることができるようになる。つまり，単語が指し示す物が何かがわかること，自分が話したことが文法的に正しいかどうかといった言語の規則がわかること，ある場面でどんな言い方をしたら良いのかという語用論的な考え方ができることなど，ことばについてことばで考える力をメタ言語能力と言う。萩野（1999）は学齢期以降に達成される読み書きの獲得は，単に文字を覚えるといったことではなく，言語を意識化する能力の発達を土台とするものであり，これがより精緻な言語の獲得や，言語についてのより深い理解につながっていくと主張している。また，言語を客体化して考えるメタ言語能力は，適切な働きかけがあるとその発達が促進すると考えられている（Hawkins, 1987）。

　2）児童生徒のリテラシ　　児童生徒にとって，リテラシ（読み書き能力）

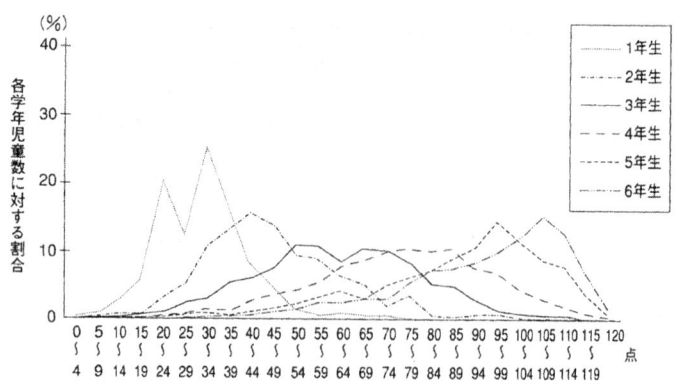

**図2-13**　小学校国語学力到達テスト（読解）の得点分布（天野・黒須，1992）

は国語の教科学習にとって重要なだけではなく，学習全体に関わる重要な能力である。同時にリテラシはさまざまな学習経験を通して発達していくものでもあり，リテラシは学力と密接に結びついている。このリテラシは学年が進むにつれて，個人差が非常に大きくなる。図2-13に，天野・黒須（1992）による小学生の国語読解力を示したが，学年が進むにつれて，平均得点は上昇するものの，得点分布の幅が広がっていることが示されている。すなわち，高学年になっても，読解能力を高めることができないでいる児童がいるのである。また中学生を対象として読書力を調査した三好（1993）によると，総合的な読書力において，5学年以上の能力差があることも示されている。

3） 読解力の構成と個人差の要因　　読解力を構成する能力は多岐にわたる。視覚・聴覚，ワーキングメモリ，語彙，知識・概念，認知スタイル，動機づけ，興味・関心などの基本的な認知能力がさまざまな水準で読解に関わる。さらに，比較的高次の下位過程として語識別，文理解，文意記憶，推論の4つが想定される（北尾ら，1983）。これらの要因はいずれも全体的な読解力を規定する決定的な要因ではない。しかし，いずれの要因もそれぞれのレベルで読解能力に関わっている。

高橋（1996）は，読解過程における処理の個人差をもたらす要因として，ワーキングメモリ容量と語彙という一般的読み能力が，一般的読解能力を規定しており，特定の分野（高橋の研究では野球に関する文章）の読解は一般的読解能力と領域固有の知識に規定されていることを示している。

東（1989）は，認知スタイルと学業成績に関する日米の児童比較を行っている。その結果，ケイガンが作成した辛抱強さを必要とする認知スタイルに関するMFFテスト（Matching Familiar Figures Test）についてみると，5歳時のMFFテストと，小学校高学年での国語と算数の成績の相関が，日本人の場合は高く（r=.55），アメリカ人の子どもの場合は低かった（r=.17）。一方，同じ認知スタイルを測定するテストであるが，MFFテストとは異なり，好奇心を持たせるように作られているTVM（Tactual Visual Matching）テストの場合には，日本人の子どもの方がアメリカ人の子どもよりも相関が低いことを示している（日本人：r=.16，アメリカ人：r=.56）。そこで，東は挑戦的な子どもが評価されるアメリカと，忍耐強く注意を集中できる子どもが評価される日本

といった文化の違いが反映しているとしている。

## 文献

天野清　1986　子どものかな文字の習得過程　秋山書店

天野清・黒須俊夫　1992　小学生の国語・算数の学力　秋山書店

Barrett, M.D. 1979 The course of early lexical development: A review and an interpretation　Early Child Development and Care, 11, 19 - 32.

Bates, E., Bretherton, I. & Snyder, S.S. 1988 From First Words to Grammar: Individual Differences and Dissociable Mechanisms. Cambridge University Press Barret, 1979

Binet, A. & Simon, T.　1905　The development of intelligence in children. (The Binet-Simon Scales) Translated from articles in LiAnnee Psychologique from 1905, 1908, and 1911 by Elizabeth. S. Kite. Baltimore, MD: Williams & Wilkens.（ビネー，A. & シモン，Th.　中野善達・大沢正子（訳）1982　知能の発達と評価：知能検査の誕生　福村書店）

Bloom, L. 1970 Language development: Form and function in emerging grammars. Cambridge, MA: MIT Press.

Bloom, L. 1993 The Transition from Infancy to Language: Acquiring the Power of Expression. Cambridge University Press.

Bowerman, M. 1973 Early Synactic Development: A Cross-linguistic Study with Special Reference to Finish. Cambridge University Press.

Braine, M. D. S. 1963 The Ontology of English Phrase Structure: The First Phase. Language, 39, 1-13.

Bruner, J. S. 1983. Child's Talk: Learning to Use Language. Oxford: Oxford University Press.（寺田晃・本郷一夫（訳）1988．『乳幼児の話しことば：コミュニケーションの学習』新曜社）

Carey, S. 1978 The child's concept of animal. Paper presented at the meeting of the Psychonomic Society, San Antonio, TX.

Charlesworth, W. R. 1979 Ethology : Understanding the other half of intelligence. In M. Cranach, K. Foppa, W. Lepenies & D. Ploog (Eds.), Human ethology : Claims and limits of new dicipline. Cambridge University Press.

Chomsky, N. 1957 Syntactic Structures. Mouton

Collins, A.M. & Loftus, E.F. 1975 A spreading activation theory of semantic processing. Psychological Review, 82, 407-428.

Donaldson, M. 1978 Children's Minds. Glasgow: William Collins Sons and Co. Ltd.

Eimas, P.D. 1985 The perception of speech in early infancy. Scientific American, 252, 46-52

Fantz, R.L. 1966 Pattern, discrimination and selective attention as determinants of perceptual development with birth. In A.H. Kidd & H.L. Rivoir (Eds.), Perceptual development in children. International University Press.

藤永保　1973　児童心理学――現代の発達理論と児童研究　有斐閣
ジンバルドー, P. G.　古畑和孝・平井久（監訳）　1983　現代心理学Ⅱ　サイエンス社
Guilford, J. P. 1967 The nature of human intelligence. Wiley.
Guilford, J. P. 1988 Some changes in the structure-of-intellect model. Educational and Psychological Measurement, 48, 1-4.
林安紀子　1999　声の知覚の発達　桐谷滋（編）　ことばの獲得　ミネルヴァ書房
Hawkins, E. 1987 Awareness of Language: An Introduction. Cambridge University Press.
Horn, J. L. 1968 Organization of abilities and the development of intelligence. Psychological Review, 15, 242-259.
岩立志津夫・小椋たみ子　2002　言語発達とその支援　シリーズ臨床発達心理学　ミネルヴァ書房
北尾倫彦・豊田弘司・広瀬雄彦　1983　読み能力の発達的研究　大阪教育大学紀要　Ⅳ　教育科学　32(1), 27-34.
久保田競　1986　心のしくみと脳の発達　朱鷺書房
三好公代　1993　中学生の読書力に関する若干の研究（一）：1. 中・小規模校の実態調査を中心とした報告　ノートルダム清心女子大学紀要．国語・国文学編 17(1), 23-31.
文部科学省　平成19年度体力・運動能力調査　http://www.mext.go.jp
文部科学省　平成20年度学校保健統計調査報告書速報　http://www.mext.go.jp
南山堂　2006　南山堂医学大辞典　第19版　南山堂
Nelson, K. 1973 Structure and strategies in learning to talk. Monographs for the society for Research in Child Development, 38, No.149.
Ninio, A. & Bruner, J. 1978 The achievement and antecedents of labeling. Journal of Child Language, 5, 1-15.
荻野美佐子　1999　語彙獲得の初期発達　桐谷滋（編）　ことばの獲得　ミネルヴァ書房
Piaget, J. & Inhelder, B. 1956 The child's conception of space. Routledge and Kegan Paul.
Piaget, J. & Inhelder, B. 1963 The early growth of logic in the child. Humanities Press.
Piaget, J. 1960 The child's conception of physical causality. Littlefield, Adams.
Schneider, W., Borkowski, J.G., Kurtz, B.E. & Kerwin, K. 1986 Metamemory and motivation: A comparison of strategy use and performance in German and American children. Journal of Cross-Cultural Psychology, 17, 315-336.
Siegal, M. 1991 Knowing children: Experiments in conversation and cognition. Hove, UK: Erlbaum
島村直巳・三神廣子　1994　幼児のひらがなの習得――国立国語研究所の1967年の調査との比較を通して　教育心理学研究 42, 70-60.
Sternberg, R. J. 1988 Intellectual development : Psychometric and information processing approaches. In M. H. Bornstein & M. E. Lamb (Eds.), Developmental psychology : An advanced textbook. 2nd ed., Erlbaum.
高橋登　1996　学童期の子どもの読み能力の規定因について―― componential approach による分析的研究　心理学研究　67, 186-194.
高橋登　1997　幼児のことば遊びの発達――"しりとり"を可能にする条件の分析　発達

心理学研究 8　42-52.
高石昌弘ほか　1981　からだの発達——身体発達学へのアプローチ　大修館書店
東洋（著）柏木惠子（編）　1989　教育の心理学——学習・発達・動機の視点　有斐閣
Vernon, P. E. 1961 The structure of human abilities, 2nd ed., Methuen.
Wargner, R. K. & Sternberg, R. J. 1985 Practical intelligence in real-world pursuits : The role of facit Knowledge. Journal of Personality and Social Psychology, 49, 436-458.
Wechsler, L. 1958 The measurement and appraisal of adult intelligence, 4th ed., Williams and Wilkins.

**コラム2**

# 子どもの現実認識
―― カレンダーの認識の発達 ――

　私たちおとなの生活にとって，カレンダーはとても大切なものである。なぜなら，私たちの生活パターンの枠組みをカレンダーが形づくっているからである。

　私は，現在この原稿を書いている。原稿執筆にあたって締め切りは〇月〇日であるので，どのあたりまでに構想と内容を固め，いつから執筆にとり組むという執筆計画を立てた。具体的に何月何日と目安を立てることもあるが，お盆のころまでとか年末までにとかいった，年間イベントを目安とすることもある。年間イベントを目安として利用できるためには，そのイベントの時間的位置，すなわち日付の知識があることが必要である。同時に，この知識を活用して自身の行動をプランニングすることができるということは，時間についての認識が十分に獲得されているということができる。このコラムでは，子どもの時間認識の発達について概観する。

　調査は，以下の方法で行われた。まず，調査対象者は小学校1年生から5年生の合計32人であった。子どもになじみの深いと考えられる8つのイベントについて，「そのイベントを知っているか？」「そのイベントは何月何日か？」とそれぞれ質問した。とり上げた8つのイベントとは，成人の日（1月15日），バレンタイン（2月14日），ひな祭り（3月3日），みどりの日（4月29日），子どもの日（5月5日），七夕（7月7日），敬老の日（9月15日），クリスマス（12月24日もしくは25日）であった。調査は，1999年の5月下旬〜6月上旬であり，個別に行われた。

　まず，「そのイベントを知っているか？」という質問については，成人の日，みどりの日，七夕，敬老の日以外のイベントは約90％以上の子どもが知っていると答えた。特に，クリスマスについては全員が知っている

と答えた。

次に,「そのイベントは何月何日か?」という質問には,100％の子どもが知っていると答えたクリスマスに関して,約35％の子どもだけが正しい日付を答えた。子どもの日に関しては約35％,バレンタインについては32人中1人,ひな祭りについては約20％の子どもが正しく日付を答えることができた。これは,年齢を込みにした分析であるが,イベントを知っているからといって必ずしもその日付を知っているわけではない,すなわち1年間における時間的位置を理解しているわけではないということができる。

既知率の高かったクリスマスと子どもの日について,日付の理解,すなわち時間的位置の理解について少し詳しく検討する。5年生は1人だけであったので4年生と込みにした。クリスマスと子どもの日について各学年における反応パターンの割合を図2-14と図2-15に示す。反応パターンは,

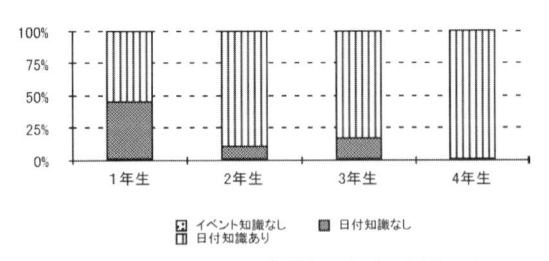

**図2-14** クリスマスについての各学年における反応パターンの割合

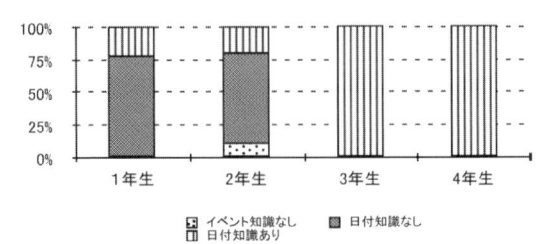

**図2-15** こどもの日についての各学年における反応パターンの割合

イベントを知らないもの（イベント知識なし），イベントを知っているが日付を知らないもの（日付知識なし）イベントもその日付も知っているもの（日付知識あり）の3群に分類した。なお，「日付知識あり」には月のみを正しく答えられたものも分類した。

各学年における各反応パターンに分けられた人数に違いがあるか直接確率法を行い検討したところ，子どもの日のみに有意差がみられた（p=.0001）。ボンフェローニの法を用いて下位検定を行ったところ，1，2年生と3，4年生の間に有意差が示された。つまり，3年生以上ではイベントの時間的位置を理解できるようになることが示唆される。この結果は，丸山（2005）が示した3年生以上で時間を構造化してとらえられるようになるという知見とともに，3年生以上では出来事の時間的位置を自身がもつ時間構造を利用して位置づけることができるようになる可能性を示唆するものである。

おとなは子どもに予定を立てて行動するよう促すが，認知発達の視点から考えると，おとなと子どもが持っている時間的現実（時間認識）が異なっていることが十分に考えられる。

以上から，子どもの現実認識に応じた適切なはたらきかけが，子どもの現実についての認識の発達を促すことに重要であるといえる。

**文献**
丸山真名美　2005　児童期前半における生活時間構造の階層化と時間処理方略の関係　発達心理学研究　16　175-184.
カレンダー知識の発達に関する調査については未発表である。

# 第3章　パーソナリティの発達

## 第1節　社会性の発達

　社会性とは，広義には社会に共有された生活習慣や価値規範，行動基準などを習得し，それに沿った行動ができることで，社会的態度，社会的規範や規則，習慣の内在化された総体のことをいう。他方，狭義には協調性や積極性など，円滑で良好な対人関係を営むために必要とされる能力全般のことを指し，心理学では「社会的コンピテンス」と呼ばれている。本節では狭義の社会性としての社会的コンピテンスについて述べる。

### 1　対人関係の発達的変化

　社会的コンピテンスは生まれながらにもっているわけではなく，人との相互作用を通じて徐々に獲得されると考えられる。たとえば幼児期に主に相互作用を行う相手は両親であるが，児童期に入ると友だちとの相互作用が多くなる。両親との関係と友だちとの関係では必要とされる社会的コンピテンスは異なっており，そこでの相互作用を通じて新たな社会的コンピテンスが獲得されていく。

　サリバン（Sullivan, 1953 中井他訳，1990）は，このような観点から幼児期から成人期までの対人関係の発達的変化について検討し，社会－人格発達理論を提唱した。この理論では，人には，①優しさ・愛情，②交友，③受容，④親密さ，⑤性，という5つの基本的な欲求が存在し，これらの欲求は一定の順序で出現すると仮定されている（表3-1）。以下，サリバンの理論に基づいて，

表3-1　欲求の出現と対人関係の発達的変化
　　　　（Buhrmester & Furman, 1986; 遠矢, 1996をもとに作成）

| 欲求 | 幼児期<br>(0-2歳) | 小児期<br>(児童期前期)<br>(2-6歳) | 児童期<br>(児童期中期)<br>(6-9歳) | 前青年期<br>(児童期後期)<br>(9-12歳) | 青年期前期<br>(12-16歳) |
|---|---|---|---|---|---|
| 性 | | | | | 異性のパートナー |
| 親密さ | | | | 同性友人 | 異性の友人<br>同性の友人 |
| 受容 | | | 仲間社会 | 仲間集団 | 異性の仲間<br>仲間集団 |
| 交友 | | 両親 | 同年齢の仲間<br>両親 | 同性の友人<br>両親 | 異性の友人<br>同性の友人 |
| 優しさ・愛情 | 両親 | 両親 | 両親 | 同性の友人<br>両親 | 異性の友人<br>同性の友人 |

注1：太枠線がそれぞれの時期に新たに出現する欲求で，セル内の関係はその欲求を満たす関係を示す。
注2：サリバン(Sullivan, 1953)は発達段階を年齢ではなく心理社会的な出来事という観点で分類しているため，表記の年齢は厳密なものではない。

各発達段階における対人関係の特徴について見ていく。

1) 幼児期　幼児期は，生まれてからことばを話せるようになるまでの時期である。この時期の子どもは，食物，温度，清潔といった生理的な欲求を自分で満たすことができず，その充足を両親（主に母親）に依存している。母親が子どもの欲求に敏感に対応すれば子どもは安心するが，適切に対応してくれなければ苦痛や不安を感じつづけることになる。子どもはこのような母親の敏感で適切な対応の体験を通じて，「人というものは信頼できる存在である」といった他者に対する信頼感や「自分は愛されるべき価値ある存在である」といった自分に対する信頼感を獲得する。そして生理的な欲求充足だけなく，自分のことを大切にしてくれるという優しさや愛情を求めるようになる。

2) 小児期（児童期前期）　小児期（児童期前期）は，ことばを話せるようになってから幼稚園や小学校へ通うようになるまでの時期である。コミュニケーション能力や運動能力が発達した2歳頃からはある程度のことが自分でできるようになり自己主張が多くなる。両親に対しても優しさや愛情だけでなく，一緒に遊ぶことを求めるようになる。子どもにとっての両親は，世話をしてもらったり愛情を注いでもらうだけの相手ではなく，一緒に何かをして楽しんだ

り喜んだりする遊び相手としての役割をもつようになる。

　他方，両親はこの頃から排泄や食事の仕方，就寝時間といった生活習慣や規則についてしつけを行うようになる。それまでの両親は子どもの欲求を無条件に受け入れていたのに対し，大人の言うことに従わなければ罰を与えたり一緒に遊ぶことを拒否するようになる。子どもは，このようなタテの関係にある両親とのやり取りを通して，自己主張することだけでなく，権威ある大人に従うことを学習する。

　3）児童期（児童期中期）　小学校に入学して活動範囲が広がると，興味や関心は家庭外に向けられる。遊び相手は両親から同年齢の友だちへと移行し，家族以外の友だちから受け入れられたい，認められたいと思うようになる。このような子ども同士の友だち関係は，対等なもの同士が自発的に形成するものであり，自分の欲求ばかりを主張すれば友だちから嫌われたり仲間はずれにされることもある。子どもはこのような対等な友だち関係の中で，協力することや妥協すること，そして競争することを学習する。

　また児童期における家庭外の人間関係は，家庭で身につけた価値観や行動様式を修正する機会にもなっている。遊び相手である友だち同士の関係は対等なヨコの関係であるし，学校の教師からも平等に扱われる。このような平等に扱われるという体験は自分が特別でないことを気づかせ，両親のもとで身につけた価値観や行動様式を見直すきっかけとなる。

　4）前青年期（児童期後期）　小学校中学年頃からは一緒に遊ぶ相手が限定されるようになり，同性で構成される仲間集団（クリーク）を形成するようになる。かつてこの時期が「ギャング・エイジ」と呼ばれたのはこのためである。

　この時期の仲間集団には大きな性差がある。一般的に，男子は活動を中心とした比較的大規模の集団を形成するのに対し，女子は少人数からなる閉鎖的な集団を形成する傾向がある。また男子の仲間集団はリーダーとフォロアーといった上下関係が明確である。ただし，男女とも多くの時間を仲間集団の友だちと過ごすことに変わりはない。とくに学級内の仲間集団は一旦形成されると固定化されやすく，後から所属することはむずかしい。そのため，集団に所属できるかどうかが心配事であり，不登校の原因になることもある。

　他方，前青年期の後半には，このような仲間集団での活動だけでなく，お互

いに信頼し合える親密な関係を築きたいという欲求も生じてくる。この欲求ははじめ同性に向けられ，他の友人と区別される親友ができるようになる。親友との関係のなかで，他者視点取得や共感性を獲得していく。本当の意味での親友が形成されるのは青年期以降であるが，その端緒は前青年期にあるといわれている。

5) **青年期前期**　青年期は，第二次性徴が出現し異性に対する性的欲求が顕在化する時期である。第二次性徴という大人の身体への急激な変化は，自分の性を改めて気づかせることになる。他者から見られた自分の姿を強く意識するようになり，これまで何とも思わなかった級友に対しても異性を感じるようになる。

このような異性関係への移行において重要な役割を果たすのが，親友との親密な関係である。前青年期に顕著であった仲間集団での活動は青年期に入ると減少し，お互いに信頼し理解し合える親友との関係が中心になる。またそこでの相互作用も一緒に遊ぶという活動的なものから，悩みや不安を打ち明けたり語り合うといった非活動的なものへと変化する。青年は，このような親友との親密な関係を通じて，自分の考えや感じ方が妥当であるという感覚をもったり，相手のことを思いやったり相手に共感できるようになる。

青年期以降の大きな課題は，異性関係において親密さと性という異なる2つの欲求を両立することであるといわれるが，そのためには同性親友との親密な関係が必要であり，そこでの体験を基盤として健全な異性関係が形成されると考えられる。

## 2　社会的問題解決能力としての社会的コンピテンス

1) **友だちができにくい子どもの特徴**　友だちや仲間との関係が子どもの発達に及ぼす影響には，①対人欲求の充足，②精神的健康の促進，③社会的コンピテンスの獲得，という3つの機能がある。友だちとの相互作用に乏しい子どもは，対人的な欲求を満たせずに孤独感や抑うつ感を抱きやすいだけでなく，社会的コンピテンスが獲得されないために，ますます友だちができなくなるという悪循環に陥る可能性がある。

これまでの研究によれば，友だちができにくい子どもには，2つのタイプが

あることが指摘されている（井森，1997）。1つは消極的で引っ込み思案の子どもで，もう1つは攻撃的な子どもである。

　引っ込み思案の子どもは，自信がなく物事を否定的に捉える傾向がある。対人場面での不安や緊張が高く，人前で話したり振舞うことが苦手である。友だちに対しても消極的であるために，仲間の輪に加われずに孤立することが多い。このような子どもはトラブルを起こさないので注目されにくいが，集団活動が活発化する児童期後期ごろから目立ちはじめ，いじめや仲間はずれの対象になることもある。

　他方，攻撃的な子どもの問題は，引っ込み思案の子どもとくらべて深刻である。彼らは思いどおりにならないとすぐに怒りを爆発させる。ちょっとしたことで暴力を振うため，友だちからの評価がきわめて低く，小学校入学以前から一貫して嫌われつづけることになる。学習面でも問題を抱えていることが多く，青年期以降も非行や反社会的行動といった問題だけでなく精神疾患に陥る可能性も高いといわれている。

　2）　**社会的問題解決場面での情報処理モデル**　引っ込み思案の子どもは，なぜ人に対して積極的になれないのだろうか。攻撃的な子どもは，なぜちょっとしたことで暴力を振るってしまうのだろうか。このような問いに対し，適切な行動を取れないことを社会的な問題解決の失敗として捉え，子どもの頭のなかで起こっていること，すなわち問題解決場面での情報処理過程を明らかにしようという研究がなされている。

　ドッジら（Crick & Dodge, 1994）は，問題解決場面での情報処理について，①社会的手がかりの符号化，②解釈，③目標の明確化，④反応探索，⑤反応決定，⑥実行，という6つの過程を想定している（図3-1）。子どもが不適切な行動を取ってしまうのは，このいずれかの過程で不適切な情報処理が行われていると考えられている。

　社会的手がかりの符号化と解釈は，自分がおかれた状況や出来事を解釈する際に必要な手がかりに注意を向けて，その状況や出来事の原因を解釈する過程である。たとえば友だちにつつかれた場合，それが親しみの表現か，意図的な攻撃か，偶然の事故かを判断するには，相手の力加減や相手の表情といった手がかりに注意を向けて相手の意図を読み解く必要がある。攻撃的な子どもは，

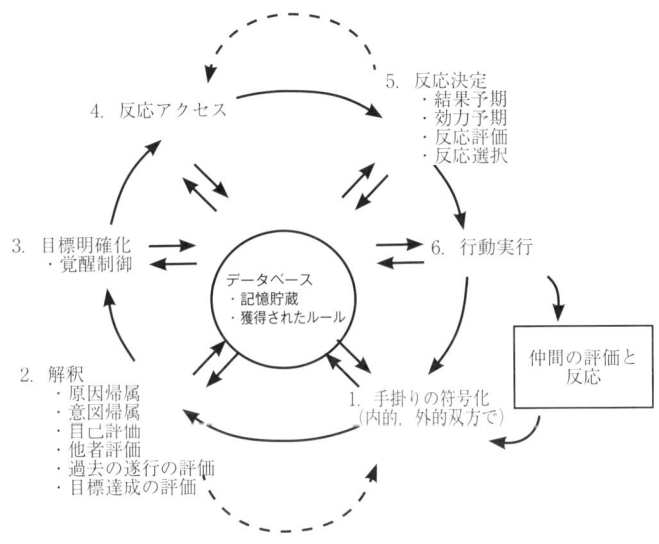

図3-1 ドッジらの社会的情報処理モデル（中澤,1992）

この手がかりへの注意が不十分で、相手の意図を攻撃的にゆがめて解釈することが示されている。

　目標の明確化は、出来事の原因や相手の意図の解釈に基づいて、どうするかという目標が設定される過程である。親しみを込めた挨拶と解釈すれば、親しみを表すという目標が設定されるが、意図的な攻撃と解釈すれば、相手を非難するといった目標が設定されるだろう。この目標設定は、出来事の解釈だけでなくそのときの感情状態にも大きく左右され、怒りは攻撃的な目標を活性化させ、不安や恐怖は逃避的な目標を活性化させることが示されている。

　反応探索・反応決定の過程では、目標を達成するための具体的な行動が検索され、もっとも適切と考えられる行動が決定される。相手を批判するという目標が設定された場合でも、それを達成する具体的な行動は、ことばで冷静に非難する、罵倒する、暴力で攻撃するなど多様である。ここでは、それぞれの行動を行った場合の結果（結果予期）やその行動を行う自信があるか（効力予期）などの観点から評価し、1つの行動が決定される。攻撃的な子どもは、思いつく行動の多くが攻撃的でその評価（結果予期）も甘いのに対し、引っ込み思案の子どもは行動を行う自信（効力予期）が低いことが示されている。

このような過程を経て決定された行動が、最後の実行過程で実行される。ただし決定された行動をすべての子どもが同じようにできるわけではない。行動を適切に実行するには、具体的な技能としての社会的スキルが必要となるからである。引っ込み思案の子どもが、どのようにすればよいかは分かっているのにうまく実行できないのは、この社会的スキルの習得が不十分であるか、過度の不安や緊張のせいでそのスキルを発揮できないことなどが関連していると考えられている。

3) **社会的問題解決能力の発達的変化**　セルマンら（Yeates & Selman, 1989）は、自他の欲求が対立する対人葛藤場面に注目し、社会的視点取得の発達段階を加えた対人交渉モデルを提唱している。社会的視点取得とは、自己と他者の視点を分化し他者の視点になって相手の感情や思考を推測したり、第三者の視点から自他の感情や思考を調整する能力のことで、社会的コンピテンスの中心的な能力の1つである。社会的視点取得は、自他の視点が未分化な自己中心的な段階から、第三者的な視点が取れる段階へと発達すると考えられる。

このモデルでは、情報処理過程は、①問題の定義（対人的葛藤の特徴を正確に理解する）、②方略の算出（問題を解決しうる多くの方略を思いつく）、③方略の選択（思いつく方略の中から特定の方略を選択し実行する）、④結果の評価（方略の結果を評価する）、という4つのステップが想定され、それぞれのステップでの情報処理は、社会的役割取得の発達段階で異なると仮定されている（表3-2）。

段階0は、自己中心的視点取得の段階で、自他の視点を区別できず、相手の物理的な特徴（行動）と心理的な特徴（感情や意図）も区別できない。対人的な葛藤状況を葛藤状況として理解できないために、実行される方略は自分の欲求を満たすための衝動的で物理的な行動が中心となる。

段階1は、主観的・一方的視点取得の段階で、他者の物理的身体的特徴と心理的特徴が区別され、自分とは異なる他者の視点に気づき始める。ただし、自他の双方の視点を同時に考慮することはできないため、対人葛藤状況は自分か相手のいずれかの視点から捉えられ、方略はいずれかの欲求を満たすものが中心となる。

段階2は、自己内省的・互恵的視点取得の段階で、相手が自分とは異なる視

表 3-2 セルマンらの対人交渉モデル（金城・梅本, 1991 より作成）

| 社会的視点取得の発達段階 | 情報処理の過程（ステップ） | | | |
|---|---|---|---|---|
| | 1. 問題の定義 | 2. 方略の算出 | 3. 方略の選択 | 4. 結果の評価 |
| 段階0：自己中心的 | 心理的な状態に言及することなく、物理的な視点から定義される | 方略は物理的で、衝動と行動がほとんど区別されない | 即時的な満足か自己防衛の方略が選択される | 自分の即時的な欲求に基づいて評価される |
| 段階1：主観的・一方的 | 自分か相手のいずれかの欲求という視点から定義される | 自己主張か譲歩のいずれかが強調される | 自分か相手を短期的に満足させる方略が選択される | 自分か相手のいずれかの個人的な満足に基づいて評価される |
| 段階2：自己内省的・互恵的 | 自分と相手の欲求を同時に考慮して定義される | 両者を公平に満足させることが重視される | 自分と相手の双方を満足させる方略が選択される | 公平な取引が重視され両者のバランスに基づいて評価される |
| 段階3：第三者的・相互的 | お互いの目標や長期的な関係という視点から定義される | 協調が重視され自分と相手の目標が共有される | 協同という感覚を活かし両者の関係を維持する方略が選択される | 両者の関係に及ぼす長期的な影響という視点から評価される |

点をもっていることを理解し、自分の考えや感情を相手の立場に立って判断できるようになる。自他の視点を相対化できるため、問題の定義では双方の欲求が同時に考慮され、解決方略では取り引きや順番交代など双方の欲求を同時に満たすことができる互恵的な方略が用いられるようになる。

　段階3は、第三者的・相互（共同）的視点取得の段階で、自他という二者関係を超えた一般化された第三者的な視点や共同的な視点を取れるようになる。社会的葛藤状況は、両者の欲求が対立するという側面だけでなく、双方に課せられ共有された問題として捉えられるようになる。解決方略も、お互いに協力して解決するという協同的な方略が選択されるようになる。

　これまでの研究によれば、小学校低学年頃から自己内省的・互恵的視点（段階2）が出現し、小学校高学年頃から第三者的・相互的視点（段階3）が出現することが確認されている（金城・梅本, 1991）。社会的視点取得能力が発達するにつれて、対人葛藤における情報処理もより高度になるといえるだろう。

## 第2節　道徳性の発達

### 1　道徳とは何か

1)　「道徳」の定義　「道徳」ということばの漢語的な意味合いは，「道」と「徳」とに分かれる。「道」とは，われわれが判断したり行為したりする際の条理・道理という意味や，社会生活を営むうえで人の守るべき物事の筋道という意味をもつ。すなわち，社会のなかで人々が善悪・正邪などを判断し，人間相互の関係を規定する社会規範のことである。また「徳」とは，道を行って体得した人の立派な行いという意味をもつ。つまり人間的な価値を能力として身につけ，実践していくことをあらわす。

英語で道徳にあたるモラル（moral）という語も由来は非常に似通っており，mosという社会的習慣・しきたりをあらわす語と，moresという実践や行為をあらわす語の，2つのラテン語に由来している。

つまり「道徳」とは，人間の社会生活における慣習・規範への意識であり，この規範に合致する行為を行うことといえよう。すなわち人間の人間たる固有の性質が理性的能力であるとすれば，さまざまな欲望や感情のままに生きるのではなく，しきたりや社会的規範に照らして自律的に行動できる能力ととらえることができる。

しかし，この慣習や社会的規範の内容はあくまで文化相対的な概念であり，そこに危うさが存在することも事実であろう。ただし「道徳性」といった場合，規範を内面化する特性を指す概念であり，そうなれば文化を超えて人間に共通する要素を前提とすることになるかもしれない。

2)　学習指導要領からみる「道徳性」　では，「道徳」が個人のなかに内面化された特性をあらわす「道徳性」とは，どのようにとらえられるのであろうか。現在，文部科学省から示されている学習指導要領では，「道徳的心情」「道徳的判断力」「道徳的実践意欲と態度」をもって道徳性が位置づけられている。

(a) 道徳的心情……道徳的価値を望ましいものとして受けとり，善を行うことを喜び悪を憎む感情のことであり，善を志向する感情でもある。それは，道徳的行為への動機として強く作用するものであるから，道徳的心

情を養うことは，道徳性を高めるための基礎的用件である。
(b) 道徳的判断力……それぞれの場面において善悪を判断する能力であり，人間として望ましい生き方をしていくために必要な基本的能力である。的確な道徳的判断力を持つことによって，それぞれの場面において機に応じた道徳的行為をすることが可能になる。
(c) 道徳的実践意欲と態度……道徳的心情や道徳的判断力によって価値があるとされた行動をとろうとする傾向性を意味する。道徳的実践意欲は，道徳的心情や道徳的判断を基礎とし道徳的価値を実現しようとする意志の働きであり，道徳的態度は，それらに裏付けられた具体的な道徳的行為への身構えということができる。

上記の3つの観点は，前述の道徳の定義と矛盾するものではなく，古来より言われてきた「知」・「情」・「意」に対応すると考えることもできよう。道徳の本来的な意味からすれば，この3つそれぞれを培い，統合していくことが望ましい。しかしながら現在の学校現場における道徳教育では，第一義の「道徳的心情」の育成に力点を置いたものが非常に多く，「判断力」や「実践意欲と態度」という部分に対する指導はおろそかにされがちな傾向は否めない。現場教師の悩みに多いのは，道徳的価値の内面化がどこまで行われているのかという教育効果に関するものである（藤井・鈴木，2005）。「道徳的心情」を重視した教育によって「道徳的行為」に直結することをねらっても，そこに「道徳的判断力」が介在しなければ道徳性の発達にはつながらないであろう。道徳教育を考える際には，この3つの観点を統合する指導を心がける必要がある。

## 2 道徳性の発達理論

1) **道徳性の発達における3つの立場**　道徳教育が義務付けられている小・中学校の9年間の各段階は，認知・情緒・意思決定のいずれにおいても発達心理学的にみて大きな差がある。もちろんそこには個人差の問題も含まれている。すると，一般的な発達の経路に加え，1人ひとりの発達状況を正確に把握して指導することは実際にはたやすいことではない。このような事情から，日本の学校現場における道徳教育は，あらかじめ設定された徳目を道徳的心情に訴えて教えることが非常に多く，心理学における道徳性の発達理論の研究は，そこ

にほとんど貢献してこなかった。しかし，1人ひとりの道徳性の発達段階を考慮して，判断の根拠を各自に考えさせることで，はじめて道徳性の3つの観点の統合が可能になるであろう。つまり，道徳性の発達理論を理解し，具体的な授業実践へ応用することが，教師には求められているといってよい。

道徳性の発達に関する心理学的理論には，主として①情動的側面，②認知的側面，③行動的側面の3つのとらえ方がある。

①情動的側面については精神分析理論，②認知的側面については認知発達理論，③行動的側面については社会的学習理論と，それぞれの立場から研究が積み重ねられてきた。以下，これらを詳しくみていくことにする。

2) 情動的側面　道徳性を情動的な側面から研究したのは，精神分析の創始者フロイトである。フロイトは，人格がイド（Id），自我（Ego），超自我（Superego）の3つの機能からなると考えた。イドとは快楽原則に従って欲求を充足させようとする機能であり，個人にとって快的なことが善であり，不快なことが悪となる。これは，社会の基準とは適合することのない，本能的欲求のみに従ういわば無道徳の状態である。また，自我とは現実原則に従って働く機能のことであり，外界・環境からの要請を意識し，イドの快楽を求める要請との間で双方を満足させ道徳的に受け入れられる方法へと調整する。自我は初歩的な道徳観を生み，社会のなかでの習慣・規範を認識させ，その逸脱には罰が与えられることを意識する状態である。その調整によって道徳的葛藤が解決できないと感じると，防衛機制が生じる。そして超自我こそが人間の道徳的体系であり，文化的な規範や価値が両親や養育者との同一化の過程を通して形成される。

つまりフロイトによれば道徳性の発達は超自我の形成を表し，5～6歳ごろに生じるエディプス・コンプレックス（異性の親に対する性愛と同性の親に対する敵意の象徴）を解消しようとして達成される。両親という権威者の罰は子どもにとって，それ自身が恐怖の対象であり，自分を保護し育ててくれる両親の愛を失うのではないかという強い不安を呼び起こす。この不安が子どもの発達とともに徐々に内面化され，具体的な両親の罰がなくても自ら罪悪感というかたちをとって自分を監視し処罰するようになる。これが「良心」の主体となるものである。この意味からいえば，内面化される権威者の価値観が非常に重

要となる。権威者としての親や教師の価値観がもし偏狭で間違ったものであれば、子どものそれも同様にならざるをえない。すなわち、子どもの道徳性の発達においては、教育の果たす役割は重大であることが示唆されるものである。

3) **認知的側面**　道徳性の発達を認知的側面から研究したのは、主としてピアジェとコールバーグである。この立場からのアプローチでは、道徳性の発達において、それを規定する重要な要因は認知的要因であるとし、1人ひとりの個人の道徳的な判断の深層に内在している道徳的な認知構造の質的変化を対象とすることから、必然的に発達段階が設定されることになる。

ピアジェ（Piaget, 1930）は、この発達段階は①質的な差異、②発達の順序性、③構造的全体性、④階層的統合性の4つの基準を条件とすると考えた。

①質的な差異とは、その個人の年齢たとえば小学生と中学生とでは、同じ道徳的問題に対しても考え方や解決の方法にはっきりした質的な違いがあることを意味している。つまり、その子どものおかれた発達的な時期に特有な道徳的思考様式があると考えられる。

②発達の順序性とは、発達の順序の系列化を意味している。つまり道徳性の発達は一定の順序で出現し、段階を飛び越した発達はない。また、極端な心的外傷体験がない限り、一度到達した発達段階からは退行することがないとされる。道徳性の発達段階は、一定の人間の道徳的認知構造は普遍的に認められている正義や博愛といった原理（principle）にもとづき、文化を超えて大筋でほぼ一貫した発達段階を形成していると考えられている。このことはコールバーグ（Kohlberg, 1969）やスナレー（Sunarey, 1985）、山岸（1976）、荒木（1987）らによって文化を超えた発達の継時性、順序性の一致が確かめられている。

③構造的全体性とは、個人の道徳的思考様式はそのときどきで異なるのではなく、個人内においてほぼ一貫していることを意味する。子どもたちのそのときの気分や心理的な状況が異なっても、いつも同じような道徳的判断を示すと考えられている。

④階層的統合性とは、発達の高次の思考様式は、低次の段階の思考様式を内包し、統合していくことを意味する。もちろん低次の思考様式ほど誰もが気づきやすく、理解されやすいが、人間はより上位の思考様式を求めたり好んだりする傾向があるため、より高次の段階に到達した個人は、低次の思考様式を理解

はできるが選択はしないのである。
　この4つの基準はピアジェによって設定されたが，その後コールバーグやギリガンにもほぼ踏襲されていく。

**ピアジェの道徳性認知発達理論**
　ピアジェ（Piaget, 1930）以前の道徳性の発達に関する理論は，第2項にもまとめたように，社会規範に同調するよう仕向け，社会的権威の受容を目標とする考え方が主流であった。しかし，ピアジェはそうした考え方を批判し，道徳性の発達を規範の理解の仕方，内面化の仕方の変化の過程であると考えた。そして故意と過失，盗み，うそ，正義感など，道徳にかかわる多くの問題をとり上げ，臨床的な研究方法によって子どもの道徳性の発達を明らかにした。具体的には，故意と過失についていえば，3つのたとえ話を用いて，子どもの道徳的判断を調べた。そのうちの1つを紹介する。

　　マリーという名の小さい女の子がいました。彼女は，お母さんがびっくりするくらい喜ぶことをしようと，お裁縫をして自分で布を切りました。しかし，彼女はうまくはさみを使えなくて，自分の洋服に大きな穴を開けてしまいました。

　　マーガレットという名前の小さな女の子が，ある日お母さんが出かけているときにお母さんのはさみを持ち出しました。彼女は，はさみでしばらくの間遊びました。そして，彼女はうまくはさみを使えなかったので，自分の洋服に小さな穴を開けてしまいました。

　そして動機とは関係なしに物質的な結果から評価する判断の仕方（「マリーのほうが悪い」と答えるタイプ）は，子どもが大きくなるにつれて減少していき，行為を動機から評価し責任を主観的にとらえるような考え方（「マーガレットのほうが悪い」と答えるタイプ）が多くなることを明らかにした。ピアジェの道徳性発達理論が，「結果論から動機論へ」と要約される（二宮，1984や内藤，1987など）ゆえんである。
　そして，表3-3にあるように，道徳判断の領域を8つの領域に分けて考え，

表3-3 ピアジェの道徳的判断の研究の概要（二宮, 1984）

| 領　域 | 拘束（他律）の道徳性 | 協同（自律）の道徳性 |
| --- | --- | --- |
| 規則 | 規則は神聖なもので，変えることはできない | 合法的な手続きで，同意によって規則は変えられる |
| 責任性 | 行為の善悪を，行為の結果にもとづいて判断する〔客観的責任判断〕 | 行為の善悪を，行為の意図・動機にもとづいて判断する〔主観的責任判断〕 |
| 懲罰の概念 | 懲罰は必要で，厳格なほどよい〔贖罪的懲罰〕 | 贖罪を必要とは認めず，相互性による〔賠償的懲罰〕 |
| 集団的責任 | 犯人を告げないなど，権威に対して忠実でないと集団に罪がおよぶ〔集団的責任〕 | 集団全体を罰すべきでなく，各人をその行為に応じて罰する〔個人的責任〕 |
| 内在的正義 | 悪い行為は自然によって罰せられる〔内在的正義〕 | 自然主義的な因果関係による〔自然主義的正義〕 |
| 応報的正義 | 応報的観点から判断する〔応報的正義〕 | 分配（平等主義）的観点から判断する〔分配的正義〕 |
| 平等と権威 | 権威による命令を正しいとし，権威への服従を選ぶ | 平等主義的正義を主張し，平等への願望を選ぶ |
| 児童間の正義 | 規則による権威に訴える | 同じ程度で懲罰をしかえすことは正当で，協同あるいは平等に訴える |

権威者であるおとなの拘束による他律的な道徳観から自律的で仲間との協同による道徳観への変化，一方的尊敬から相互的尊敬への変化という法則を提示した。

**コールバーグの道徳性認知発達理論**

　コールバーグは，道徳性の発達と道徳教育における今世紀最大の心理学者といってよい。同一視による超自我の形成も，発達過程における規範の内面化も，いかにして道徳的な規範意識が獲得されるかについては説明しているが，「道徳」の概念に含まれる文化相対的な特質や他者との相互関係が影響したりする場合などの，複数の規範が相互に矛盾する場合の個人の対処についての説明は脆弱であると考えた。後者は，現実場面について考えた場合，より身近に頻繁に生じている。

　こうした問題意識を発端として，コールバーグはピアジェの発達段階という概念を引き継ぎ，子どもでも自分なりの正しさ（正義）の枠組みをもっていて，それは発達とともに質的に変化するものとして発達段階説を提唱した。たとえ

ば，急な雨で困っても置いてある他人の傘を使わない，という1つの行為であっても，判断の根拠は異なることがある。一方は「他人の傘を持っていってしまったところを先生に見つかったら叱られるから」という根拠，もう一方が「そんなことをしたら傘の持ち主が困るだろうから」とか「同じことをみんながしたら盗みばかりになるから」という根拠とでは，その後の行為は同じでも両者の道徳性は明らかに異なる。したがって，道徳性の発達を考える際には，その個人がどのような考えや動機でそれを行ったかという判断の根拠が非常に重要になる。

このような背景から，コールバーグはたとえば以下にあるようなモラル・ジレンマ（道徳的葛藤）を問う物語を用いて，価値葛藤に対して個人がどんな判断を示すかについて分類し，発達段階説を提示した（表3-4）。

　　ハインツのジレンマ物語……ヨーロッパで，1人の女性が特殊な癌（がん）のために死にかけていました。その癌を治すためには唯一種の薬しかありませんでしたが，その薬は製造するために要した費用の10倍もの値が薬屋によってつけられていました。彼女の夫ハインツは，お金を借りようとあらゆる知人を回りましたが，その値段の半分のお金しか集まりませんでした。彼は薬屋に妻が死にかけていることを話し，値引きするか後払いにしてくれるように頼みました。しかし薬屋は，「それで金もうけをするつもりだからだめだ」といいました。思いつめたハインツは，妻の命を救うために，薬局に薬を盗みに入りました。ハインツは薬を盗むべきだったのでしょうか。

コールバーグによれば，発達の速度に違いはあっても，あらゆる人間は文化の制約を越えて普遍的に表3-4に示したような発達段階の順序に沿う。そして道徳性とは，道徳的な問題を解釈し判断を下すための役割取得（roletaking）が基本となり，それによって認知された道徳的-認知的な葛藤によって道徳的認知構造が再構成される。道徳性の発達を促す環境要因として，①役割取得が求められるさまざまな経験の場を与えること（役割取得の機会），②道徳的認知葛藤を生じさせること，③公正な道徳的環境を与えることの3点にまとめられている（荒木，1988）。

表3-4 コールバーグの発達段階

| 水準 | 段階 | 概要 | 具体的な言語表現の例 |
|---|---|---|---|
| 前慣習的水準<br>相互の人間関係や社会組織のなかでの道徳という考えがない水準 | 1. 罰と服従への志向（未就学児） | この段階の子どもは、叱られたり罰せられたりすることが悪であり、それを避けることを目的として判断したり、行動する。反対に規則や権威者であるおとなに対して服従し、おとなが設定した規則に従うことが善となる。したがって、判断の基準は常に自己の外にあり、おとなの顔色をみながら善悪を判断する他律的道徳性である。また、物理的な結果の大きさも善悪を判断する基準となる。 | ・怒られると嫌だから……<br>・警察につかまると嫌だから……<br>・お父さん（お母さん、先生）に～と言われたから…… |
| | 2. 道具主義的な相対主義（小学校低学年） | この段階の子どもは、ひたすら自分の利益や報酬を求め、平等に交換（自分が助けてもらったら相手も助ける、相手が助けてくれなかったら自分も助けないなど）によって自己の欲求の満足を求める行為が正しさの基準となる。善悪の判断はまず損得、完全なるギブアンドテイクであり、その手段の善し悪しにはあまり意識が向いていかない。 | ・～すると損（得）だから……<br>・お母さんは毎日ご飯を作ってくれる人だから大事にする<br>・お父さんは給料をもってきてくれる人だから大切だ<br>・ギブアンドテイクだから…… |
| 慣習的水準<br>人間関係や社会組織のなかでどのような義務や権利があるのかを考える水準 | 3. 対人的同調「良い子」志向（小学校高学年～高校生） | この段階の子どもは、良い対人関係を作ることを正しい行為であると認識している。他者を喜ばせ、他者を助けるために望まれ承認される行為は良い行為だが、承認されない行為は悪い行為である。行為の目的や欲求の善悪、その行為から生ずる結果を考慮しないで、ただ周囲からの期待に沿うための良い子の役割を演じることが善であるというステレオタイプ思考に同調する。友情、思いやり、誠実、感謝、忠誠、信頼などや、「自ら望むことを他者にしなさい」という黄金律をも理解するようになる。 | ・友達だから……<br>・～することは良いことだ<br>・～と考えるのが当たり前だから・中学生として……、兄弟として…… |
| | 4. 「法と秩序」志向（高校生～大学生） | この段階の子どもは、社会あるいは集団の利益に貢献する行為を良い行為と考える。権威（親・教師・神）を尊重し、社会的秩序を維持することにより、自己の義務を果たすことを求める。法を尊重するが、それを固定的にとらえている。 | ・学校（クラス・家族）のためになるから（ならないから）……<br>・～することは義務だから<br>・～になってしまうと困るから |
| 後慣習的水準<br>人間関係や社会組織を超えてあらゆる人々がもつ権利や義務が何かを考え、普遍的な原理にもとづいて道徳をとらえる水準 | 5. 社会契約的な法律志向（大学生～） | この段階の人物は、他者の権利について考えることができるようになる。共同体の一般的福祉、および法と多数者の意志により作られた標準に従う義務を考える。法律尊重にみえるが、社会的利益を合理的に考えるようになるために、法律は変更できるものであるという考え方ができる。 | ・みんなの幸せのために～の規則（法律）を変更して……<br>・多くの人たちが同意し、その考えに反対する人たちにも大きな迷惑がかからなければ…… |
| | 6. 普遍的な倫理的原理の志向 | この段階の人物は、実際の法や社会の規則を考えるだけでなく、正義について自ら選んだ標準と人間の尊厳性への尊重を考えることができるようになる。したがって、倫理原則（正義・相互信頼・平等性・人間の尊厳など）に合わない規則がある場合は、自らの倫理的原理に従う良心によって善行為を選択し、非難を受けない形で行為する。 | ・～をすれば良心が痛むから……<br>・～をすれば平等でなくなるから……<br>・～は人間としてやってはいけないことだから…… |

注）櫻井（1997）および山岸（1976）をもとにまとめた。

## ギリガンの理論

　このような正義と公正を主たる原理としたコールバーグのとらえ方は男性を中心とした考え方であると批判し，女性特有の道徳性発達（different voice）に関する問題提起をしたのが，ギリガンである。男女による道徳性の発達の違い，つまり，女性は人間関係，気配り，共感を主要な原理とする「配慮と責任の道徳（思いやりの道徳）」によって道徳的判断を下しているのだとした（表3-5）。人間関係を重視し，配慮や思いやりを基本とした道徳性は，コールバーグ理論では低い段階にとどまっていることになるが，それは別の方向への発達をしていることが無視されてきただけだと指摘したのである。ギリガンが主張したような性差や文化差は必ずしも実証されなかったが，ピアジェやコールバーグ理論の限界を指摘し，状況を抽象化せずに具体的状況に応じて論じた点において大きな功績があったとされる。この視点はエリクソンの生涯発達理論にも影響を与え，分離-個体化とは異なる他者との関係性についての発達経路の重要性が認識されるようになってきている（杉村，1999など）。

　4）**行動的側面**　行動主義的立場に立って，道徳性を観察可能な行動から研究した人物として，アイゼンクがいる。アイゼンクは，良心は生理的要因と社会的要因によって条件づけられたものだとした。つまり，罰や報酬を通して社会規範を学習するとする立場である。だが，社会的要因による条件づけについては，条件づけする人（親・教師・友達など）の恣意性やその価値の相対性が問題点として指摘されている。

表3-5　2つの道徳性（Lyons, 1983：1987）

| | 正義の道徳性 | 配慮と責任の道徳性 |
|---|---|---|
| 自己のとらえ方 | 他者から分離，自律したもの | 他者と相互依存の関係にある |
| 他者の見方 | 平等と相互性において（自分がみられているように）みる（状況から離れて客観的にみる） | 文脈のなかの他者をみる（状況にはいってみる） |
| 道徳的問題の構成化の仕方 | 自分と他者（社会）の相対立する欲求の解決として構成 | 他者との関係や他者にどう対するかの問題として構成 |
| 解決の仕方 | ①役割と関連した義務やコミットメントに合致し，②相互性—公正さを含む規範や原則に従う解決 | ①関係やつながりを維持し，②他者の幸福を促進し苦しみや傷を和らげる解決 |
| 評価の仕方 | ①決定がどのようになされ正当化されているか，②評価，原則，規範が維持されたかを考慮 | ①結果がどうなったか，②関係が維持されたかを考慮 |

一方，ピアジェやコールバーグの認知的発達理論における発達段階の非可逆的進行は，自己中心的志向からの〈脱中心化〉に集約されることになるのに対し，道徳性も社会的強化の随伴性とモデルの観察という社会環境的な要因によって社会的に学習されるものであると主張したのがバンデューラである。バンデューラは，行動，環境要因，および個人要因の3者は，相互に影響を与え合い，互いの決定因となるという相互決定主義の立場をとった。また，人は社会的環境の影響を一方的に受けるものではなく，反対に内的な欲求や動機のままに行動するのでもなく，それらの諸要因と相互作用しつつ，自己の行動を調整・制御する働きを持った存在であるとした。これを自己調整機能といい，バンデューラは特に重視していた。この自己調整機能は，自己観察（自己の行為に対するモニター），評価・判断（モニターされた行為についての道徳的思考・判断），自己反応（判断によって生じた自己満足感や自責感といった感情的自己反応が基盤となった行為の表出や抑制の調節）というメカニズムとして説明される。

　バンデューラはまた，自己調整機能が不活性化するメカニズムについても述べており，自分の個人的基準に反する行為をしたときに生じる自己非難を回避するための次の4つのメカニズムが示されている。①行為自体を解釈しなおすこと：戦争を国民のためというなどの「道徳的正当化」，人員解雇を企業の適正規模化というなどの「歪曲なラベリング」，テロ行為を圧制者の搾取的行為と比較して正当化するなどの「都合よい比較」，②因果作用の曖昧化：「責任の転嫁」や「責任の拡散」，③結果の無視・歪曲：大虐殺事件などの事実関係・規模を否定・矮小化，④被害者の価値づけ：アウシュビッツでみられたような相手を感情や気持ちをもった人間とみなさない「没人間化」，被害者に非難や責めを帰属する「非難の帰属」がそれである（明田，1992）。いくら道徳性の発達を促そうと働きかけても，このようなメカニズムにどう対処するのかという観点が抜けていれば，実際の行動は期待されるものとはかけ離れてしまいかねない。その意味で，現実の問題に切り込むための重要な視点だといえる。

　以上のような3つの側面からのアプローチの貢献は道徳性の研究において非常に有用ではあるが，近年ではそれらを単一的に扱うのではなく，複合的にと

らえた多元的なアプローチがアイゼンバーグらによって試みられている。

### 3 道徳教育のアプローチ

現在行われている道徳教育の授業は，あらかじめ設定された価値項目の内面化を意図するもの，価値の明確化を迫るもの，ディスカッションを用いた価値葛藤の克服をねらうものの3つに大別されよう。

1つめの価値項目の内面化を意図する教育実践は，アメリカのインカルケーション（Inculcation）に代表されるようなものである。これはアメリカ人格研究所の「人格教育カリキュラム（Character Education Curriculum = CEC）」の教材を用いて行われる。人間には普遍的な価値が存在するという前提のもとで，既存の社会に存在しているさまざまな規範や道徳的価値（徳目）を子どもたちに注入する特徴をもつ。このアプローチでは，教師による価値の押し付けやいわゆる徳目主義に走る危険性が指摘される。またハーツホーンとメイの研究結果（Hartshone, H. & May, M., 1930）からは，道徳的価値を教えることと道徳的行為との関連性がないことなども指摘され，次第にこの授業方法は衰退してきた。とはいえ現在でも，徳目の注入をめざすという方法は日本の教育現場ではもっともポピュラーな道徳教育のアプローチであり，支配的である。

2つめの価値の明確化を迫る授業実践は，上にあげたような限界や危険性を克服するために登場した方法といってよい。この方法の特徴は，あらかじめ設定された価値内容を教えることを拒み，子どもたちが価値を獲得していく過程を重視し，個性的な価値観を引き出すことをねらっている点にある。子どもたちの興味をかきたて，授業への参加意欲を高めるという点においてはおおいに役立つし，多様な価値に気づかせることができる。しかし，そこで出される価値があまりに拡散し，道徳的に正当に受容できるものでない場合は逆に教師の不安を喚起したり，道徳的価値が表面的なものに終始したりする恐れがある。

3つめの道徳的価値葛藤を用いた授業実践は，インカルケーション教育の限界や，価値の明確化の限界である価値の深化を克服するのにも有用である。これはコールバーグらの道徳的葛藤（モラル・ジレンマ）の解決を迫るディスカッション形式での教育が代表的である。コールバーグは，子どもたちにモラル・ジレンマを提示し，「どうすべきか」という当為をめぐる解決のために，

ディスカッションを通して「なぜそのように考えるのか」を追求した。ここでは，判断内容よりも1人ひとりの子どもの判断理由（形式）がもっとも重視される。

また，この指導方法の中心はあくまでも子どもたちにあり，教師の役割は援助者（facilitator）であって，教師の発言はあくまでもメンバーの一員としてなされるものであるとされる。また，役割取得の機会を多く求めることから，共感性の育成も促すことになるという長所がある。しかし一方で，道徳的な判断内容の軽視という限界も指摘され，アメリカはもとよりわが国においてもインカルケーションの再考という風潮につながっている。

この授業実践を成立させるための要件として，価値葛藤資料，道徳的討論，発問の仕方など，詳しくは櫻井（1997）にまとめられているので是非参照されたい。また，日本の教育現場にマッチングするよう多くの価値葛藤資料が開発されてきている（荒木，1988；荒木，1987など）。

どのような教育理念や授業実践においても，長所と限界があり，絶対的に完全な方法論というのはありえないであろう。それぞれにおける部分的な欠点をとり上げてそのすべてを排斥するのではなく，長所を積極的に生かした形で教育実践に結び付けていくべきであると考えられる。わが国でも2002年の「心のノート」の導入以降問題として指摘されてきたことでもあるが，個々の教師は自らの道徳観や道徳性の発達段階をみきわめるのと並行して，多様な指導方法をとり入れながら統合させる模索を続けていく必要がある。

## 文献

相川充・津村俊充（編）　1996　社会的スキルと対人関係——自己表現を援助する　誠信書房

明田芳久　1992　社会的認知理論——バンデューラ　日本道徳性心理学研究会編　道徳性の発達　北大路書房

荒木紀幸　1987　「規範-基本判断」判定法に基づく道徳性の発達に関する研究　日本道徳性心理学研究　2, 20-23.

荒木紀幸　1988　道徳教育はこうすればおもしろい——コールバーグ理論とその実践　北大路書房

Buhrmester, D. B. & Furman. W. 1986　The changing functions of friends in childhood:

A neo-Sullivanian perspective. In V. J. Derlega & B. A. Winstead (Eds.), Friendship and social interaction. New York: Springer-Verlag. 41-62.

Crick, N. R., & Dodge, K. A. 1994 A review and reformulation of social information-processing mechanisms in children's social adjustment. Psychological Bulletin, 115, 74-101.

藤井恭子・鈴木眞雄　2005　道徳教育に対する現職教員の意識からみた教員養成大学において必要とされる授業　愛知教育大学大学・附属学校共同研究会報告書

Hartshone, H. & May, M. 1928-1930 Studies in the nature of character, vol.1-3. NewYork: Macmilllan.

井森澄江　1997　仲間関係と発達　井上健治・久保ゆかり（編）　子どもの社会的発達　東京大学出版会　50-69.

井上健治・久保ゆかり（編）　1997　子どもの社会的発達　東京大学出版会

木原孝博・大西文行　1999　新訂道徳教育　放送大学教育振興会

金城洋子・梅本堯夫　1991　児童における対人交渉能力の発達　発達研究7．115-134.

小寺正一・藤永芳純編　1997　道徳教育を学ぶ人のために　世界思想社

Kohlberg, L. 1969 Stages and sequence : The Cognitive-developmental approach to socialization. In D.A. Goslin (Ed), Handbook of socialization theory and research.　Chicago, Ill. : Rand McNally.（永野重史監訳　1987　道徳性の形成──認知発達的アプローチ　新曜社）

Lyons, N. (1983) Two perspectives : On self, relationships and morality. Harvard Educational Review, 53(2) 125-145.

Lyons, N. (1987) Ways of knowing, learning, and making moral choices. Journal of Moral Education, 16(3)　226-240

文部省　1999　小学校学習指導要領解説　道徳編　大蔵省印刷局

内藤俊史　1987　道徳教育　日本児童研究所編　児童心理学の進歩26　金子書房

中澤潤　1992　社会的問題解決における情報処理過程と子どもの適応　千葉大学教育学部研究紀要40．263-290.

日本道徳性心理学研究会編　1992　道徳性心理学　北大路書房

二宮克美　1984　道徳性の発達　日本児童研究所編　児童心理学の進歩23　金子書房

二宮克美　2000　道徳性の仕組みと発達　多鹿秀継・鈴木眞雄編　発達と学習の心理学　福村出版

Piaget, J. 1930 Le jugement moral chez l'enfant.（ピアジェ，J　大伴茂（訳）　1954　児童道徳判断の発達　臨床児童心理学Ⅲ　同文書院）

櫻井育夫　1997　道徳的判断力をどう高めるか──コールバーグ理論における道徳教育の展開　北大路書房

塩見邦雄（編）　2000　社会性の心理学　ナカニシヤ出版

杉村和美　1999　現代女性の青年期から中年期までのアイデンティティ発達　岡本祐子（編）　女性の生涯発達とアイデンティティ──個としての発達・かかわりの中での成熟　北大路書房

祐宗省三（編）　1994　子どもの発達を知る心理学　北大路書房

Sullivan, H. S. 1953 The interpersonal theory of psychiatry. New York: Norton.（サリヴァ

ン,H. S. 中井久夫・宮崎隆吉・高木敬三・鑪幹八郎(訳) 1990 精神医学は対人関係論である みすず書房)

Sunarey, J.R. 1985 Cross-cultulal university of social-moral development: A critical review of Kohlbergian research. Psychological Bulletin, 97, 202-232.

戸田有一 1997 道徳性の発達 井上健治・久保ゆかり(編) 子どもの社会的発達 東京大学出版会

遠矢幸子 1996 友人関係の特性と展開 大坊郁夫・奥田秀宇(編) 親密な対人関係の科学 誠信書房 90-116.

山岸明子 1976 道徳判断の発達 教育心理学研究 24, 97-105.

Yeates, K. O. & Selman, R. L. 1989 Social competence in the school: Toward an integrative developmental model for intervention. Developmental Review, 9, 64-100.

## コラム3

# インターネット社会と情報倫理

### 1. インターネットの発展

　インターネット（Internetwork）は，1970年代に米国で誕生したアーパネット（ARPANET）が起源となってできたコンピュータ・ネットワークである。当初，コンピュータ関連の大学や研究機関だけに利用されていたが，1980年代には，広域に接続するインターネットに発展した。

　今日では，ブロードバンド世帯普及率は60％以上に達しており，インターネット利用機器の種類もパソコン，ケータイ，ゲーム機，スマートフォンなど多様化してきている。『インターネット白書2009』によると，われわれが1日のうち，インターネットに接続可能な環境にいる時間は21.9時間にもなっている。このように，インターネットはビジネス社会だけでなく，われわれの生活にも欠かせないものになっている。このようなインターネットの普及してきたなかで，社会の仕組みや仕事のやり方はもちろん，人間同士の付き合い方まで変えてきている。ネットワークによる変化は，人間の生活を充実させるものが数多く登場してきている。

### 2. 情報社会と現実社会

　インターネット・コミュニケーションでは，遠く離れた人同士で顔を見ながら話ができたり，得たい知識が自宅から簡単に入手可能となったりしている。また，店舗を持たずにインターネットを通じた通信販売の拡大もみられる。ほとんど通学することなく，メールやコミュニケーションツールによる学習やその指導も可能となってきた。

　なかでも大きな変化の1つに，だれでも全世界に向かって情報発信が可能となったことがあげられる。だれもが，ホームページを簡単に作り，電子掲示板に書き込み，ブログ（Blog, ウェブログ weblog の短縮形：ウェブ

上に残される記録の意味）と呼ばれる個人の日記を公開し，近年では，ツイッター（Twitter, つぶやきの意味）と呼ばれる個人のちょっとしたつぶやきを公開し，それに対してだれかのつぶやきが付け加えられる井戸端会議のような緩やか

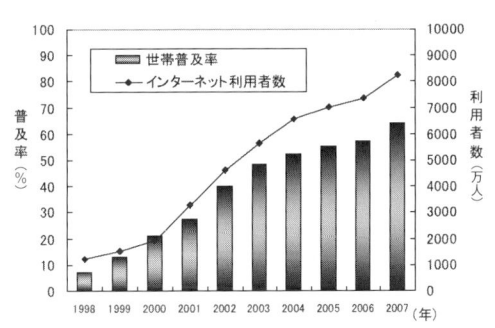

図 3-2 日本のブロードバンドの普及率とインターネット利用者数の推移

なコミュニケーションも生まれてきている。しかし，ネットワーク社会は良い面ばかりではない。インターネットを使用した犯罪も多くなってきている。例えば，コンピュータ・ウィルスと言われるコンピュータのデータを破壊したり，盗んだりする事を目的としたファイルを作成，配布したり，偽物を本物として高いお金で売ったりするような詐欺がある。あるいは気に入らない人を傷つける目的で，誹謗中傷した文を掲示板やブログなどに書き込むネットいじめも見られる。このような不正，不法行為はインターネットという特徴からの独特の面がある。しかし，これらインターネットの陰の部分は情報化社会ではなくとも，現実世界にも見られるものでもある。つまり，ネットワーク社会は日常生活の一部であり，ネットワークの中の社会は現実の社会の縮図ともいえる。

## 3. 情報倫理教育

インターネットの匿名性と自由度の高さはインターネットの爆発的な普及の大きな要因であったが，同時にその特徴はインターネットの負の部分をも拡大させる要因であることは広く認識されてきていた。このインターネットの負の部分については，インターネットが普及し始めた頃から，問題点としてあげられてきているが，子どもたちの教育という観点から重視

**表 3-6** ネチケットの例（情報教育研究会，2009 より）

1. 相手の文化や相手の置かれている状況を考える。
2. 差別用語や誹謗中傷する用語は用いない。
3. 公序良俗に反する内容，脅迫的，感情的になるような内容に気をつける。
4. 他人のプライバシーを尊重する。
5. 著作権は侵害しない。
6. 相手の使用環境を考える。半角カタカナ文字・機種依存文字は使わない。
7. 無意味な電子メールは送らない。
8. 電子メールはすぐ届くとは限らない。相手の都合もあるので，敏速な返事を期待しない。
9. ファイルの添付は，その容量や，相手が解読可能な環境かを考える。
10. メールには一目でわかりやすい題名をつける。
11. 電子メールの最後に自分の署名を付ける。
12. 個人宛のメールを第三者に転送するときは，相手の許可を得てからにする。
13. 他人のメールを転送するときは，内容を変更しない。

される事の1つにネット上のエチケットの問題があげられるであろう。

インターネット等のネットワークを利用する人が守るべき倫理的基準は「ネチケット（Netiquette, ネットワーク・エチケットを短縮した造語）」とよばれている。ネチケットは厳密に定められている規則ではなく，特定人物の中傷や差別的な用語を用いないなど，他人への配慮を心がける社会で最低限必要とされていることに基づいたものが多い。インターネットの普及が加速し，商業利用が進んだ結果，ネットを利用した犯罪やトラブルが顕在化し，行政による介入や法的規制が必要だという声もある。

初心者はインターネット文化に正しく導かれる必要がある。教養のある「ネチズン（netizen＝インターネットに参加している市民という意味で，net citizens が短縮された造語）」としてインターネット上で行動するのに必要なコミュニケーションの技術も習得する必要がある。

良い面よりも悪い面のほうが，個人や社会への影響が大きい。だからこそ重点を置いて分析し，事前に対策を打つことが，子どもたちの教育にとっても重要な課題といえよう。

# 第2部　学習の理解

# 第4章　学習の理論

## 第1節　学習の過程

　学習という言葉から，まずイメージされるのは学校での勉強や生涯学習のように何か勉強し続けることであろう。しかし，心理学では，かなり広い意味で学習という言葉が使われている。学習を心理学では，「ある1つの場面における行動ないしは行動能力の変化であり，練習ないしは経験の結果もたらされる，永続的なもの（Schunk, 2004）」と定義する。つまり，①学習は行動・行動能力の変化，②練習や経験の結果，③永続的変化の3つの要素からなっている。
　このことは，われわれが勉強で知識を身につけたり，計算方法を考えたりすることだけではなく，ボールを投げたり，取ったり，自転車に乗れるようになったりするような運動を身につけることも学習の一種であることを意味している。また，1人遊びしかできなかった子どもが，仲間と一緒に遊ぶことを覚え，友達とルールを決めて遊ぶようになったりすることも学習である。
　学習は肯定的な意味で用いられることが多いが，心理学者たちは行動の変化が社会や本人にとって好ましいかどうかは問わず，経験による行動の変容としての学習の基礎的な原理を探求してきた。

### 1　古典的条件付け
1）パブロフの発見　　古典的条件付け（classical conditioning）の現象を発見したのは，ロシアの生理学者パブロフ（Pavlov, 1927）である。パブロフは，消化の研究をしている際，犬がエサを与えられなくても食器を見ただけで，唾

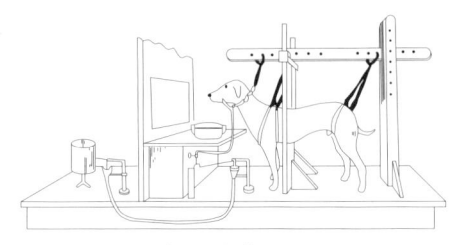

**図4-1** 古典的条件付けの場面
（Yerkes & Morgulis, 1909）

液を分泌することに気づき，条件づけの実験を行った。そこで彼は，メトロノームの音を聞かせながら，エサを与えることを数回くり返してみた。その結果，犬たちはエサを与えられなくても，メトロノームの音を聞くだけで唾液を出すようになった。

　この時，肉片は無条件刺激（UCS），唾液の分泌は無条件反応（UCR）と呼ぶ。当初，メトロノームの音は唾液分泌に関して中性刺激（NS）であり，唾液分泌を引き起こさない。ところがメトロノームの音に合わせて，エサ（無条件刺激）を繰り返し与えられると，唾液分泌を引き起こすようになる。このとき，音は条件刺激（CS）となり，唾液分泌は条件反応（CR）になったのである（図4-2参照）。

　2）**恐怖の条件付け**　　われわれは病院に行って，待合室にいるときに，子どもが白衣の人を見るだけで「痛い，痛い」と泣き出す場面にしばしば出会う。この反応は生まれつきのものであろうか。恐怖は人間の初期の基本的な感情である。恐怖は，3～6カ月の間に不快の感情から，怒りやためらいとともに発達する。その不快は，より一般的な興奮状態から派生したものとされている（Allport, 1961; Bridges, 1932）。しかし，子どもは初めから白衣の人に恐れを抱いていたのではない。おそらくは，それ以前に白衣の医者に注射をされたことで痛みを与える人として白衣の人を学習したのであろう。

　このような恐怖の情動の条件付けを示した研究に，心理学史のなかでも有名なワトソンとレイナー（Watson & Rayner, 1920）による「アルバート実験」がある。ワトソンらは生後11カ月のアルバートを選んだ。彼は健康で，機嫌のよい，過度に敏感でもない子どもであった（しばしば，この子は研究者自身の子だったといわれているが，事実はそうではない，Harris, 1979）。アルバートは大きな音に対しては恐怖を示した。つまり，大きな音は彼の恐怖反応を引き起こす無条件刺激であった。しかし，ネズミに対しては怖がらず，積極的に反応した。つまり，ネズミは彼の行動にネガティブな効果を持たない中性刺激

であった。そこで，ワトソンらはアルバートがネズミで遊んでいるとき，彼がそれにふれるたびにハンマーで金属片を打ち鳴らし，大きな音をたてた。こうした2つの刺激の同時発生は，1週間の休止をはさんで2セッション，計7回繰り返された。その結果，ネズミだけ提示された場合でさえも，彼は恐怖反応を示すようになった。すなわち，中性刺激であったネズミが不安を引き出す条件刺激になり，アルバートの不安が条件反応となったのである．

3）**古典的条件付けの消去**
条件付けの手続きによって学習された反応は，条件刺激のみ与え続け，強化を与えなくすると，対応する条件反応は徐々に生起しにくくなっていく。この過程を消去という。

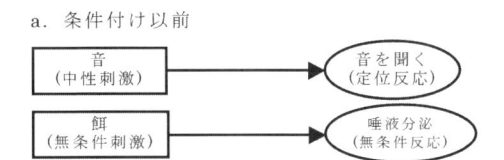

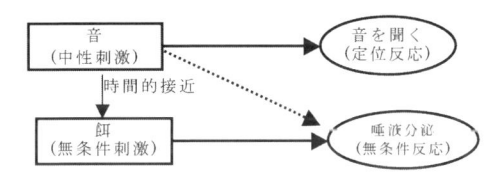

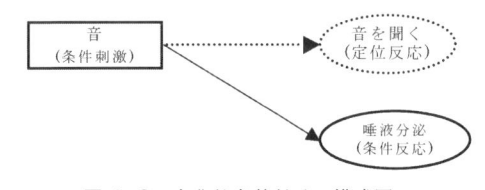

a．条件付け以前
音（中性刺激）→ 音を聞く（定位反応）
餌（無条件刺激）→ 唾液分泌（無条件反応）

b．条件付け中
音（中性刺激）→ 音を聞く（定位反応）
時間的接近
餌（無条件刺激）→ 唾液分泌（無条件反応）

c．条件付け後
音（条件刺激）→ 音を聞く（定位反応）
→ 唾液分泌（条件反応）

図4-2　古典的条件付けの模式図

パブロフは，メトロノームの音（条件刺激）とエサ（無条件刺激）を対提示することで，メトロノームの音と唾液分泌の連合を十分につけた。条件付けの成立したところで，イヌは30秒間のメトロノームの音に約10滴の唾液を分泌させた。これ以後，30秒間のメトロノームの音のみで，エサを与えなくすると，唾液分泌の頻度は徐々に少なくなるとともに，唾液分泌までの時間（反応潜時）も長くなっていくことを示した（表4-1参照）。

ただし，人間の場合には，消去はこのように単純にはいかない。ワトソンは恐怖反応を学習した子どもに，大きな音を出さずネズミだけを繰り返し見せたのであるが，恐怖反応は除去されなかったのである。ワトソンは恐怖反応を作

**表4-1** 条件反応の消去過程
(Holland & Skinner, 1961)

| 検査試行数 | 唾液分泌量（滴数） | 潜時（秒） |
|---|---|---|
| 1 | 10 | 3 |
| 2 | 7 | 7 |
| 3 | 8 | 5 |
| 4 | 5 | 4 |
| 5 | 7 | 5 |
| 6 | 4 | 9 |
| 7 | 3 | 13 |
| 8 | 0 | − |

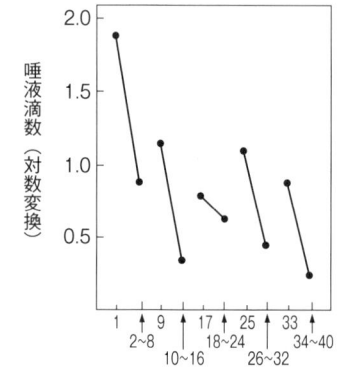

**図4-3** イヌの条件付けにおける自発的回復（Wagner et al., 1964）

り出す刺激に，別の快経験を組み合わせることで，別の新しい条件付けを行い，やっと恐怖反応の除去に成功したのである。だが，この除去は完全な学習解除にはなっていないかもしれない。なぜなら，条件刺激のみの消去試行をしばらく休止すると，またその条件刺激により条件反応が回復するという自発的回復（図4-3参照）が見られるからである。

4) **認知的解釈** 行動主義的な伝統的では，条件刺激が無条件刺激と同時にあるいはわずかに先だって与えられるならば，条件刺激と条件反応の連合が成立すると考えられてきた。しかし近年の認知的立場では，条件刺激と無条件刺激の関係についての「認知」が重要であり，条件づけによって，条件刺激は無条件刺激を予想させるものになること，つまりエサがもらえるという意味になることが必要と考えられている。

## 2　オペラント条件付け

1) **スキナーの発見**　行動主義の中で，スキナー（Skinner, 1938）は学習の分類として，刺激との関係から，行動をレスポンデント（respondent）行動と，オペラント（operant）行動の2種類に分類した。レスポンデント行動とは，刺激によって直接引きおこされた行動である。一方，特定の刺激や環境の元で個体が誘発されて，自発的に行う行動のことである。

スキナーは，古典的条件付けをレスポンデント行動の条件づけとし，個体がすでに持っていた行動を新たな刺激が引きおこすようになった学習とした。このようなレスポンデント行動による学習は，新たな行動の学習ではなく，教育における学習の一部にすぎない。教育における学習の多くはむしろオペラント行動の学習である。

表 4-2 日毎の反応率（1 分間の反応数）の推移（Skinner, 1932）

| 日付 | K11 | K12 |
| --- | --- | --- |
| Dec. 10 | 3.8 | 3.7 |
| Dec. 11 | 5.0 | 4.3 |
| Dec. 12 | 5.7 | 4.9 |
| Dec. 13 | 6.1 | 5.5 |

K11, K12 は被験体番号

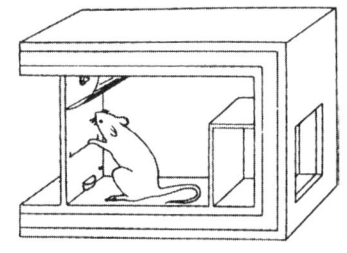

図 4-4 スキナー・ボックス

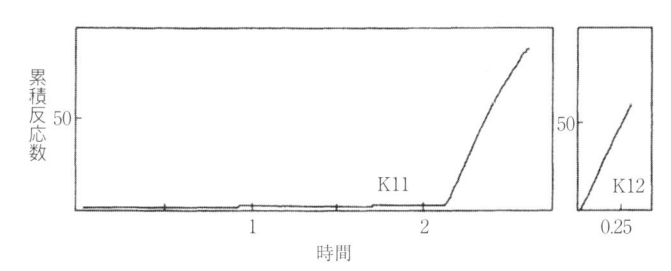

図 4-5 ネズミのレバー押し回数の累積反応数
（Skinner, 1932）K11, K12 は被験体番号

　スキナーはスキナー・ボックス（図 4-4）と呼ばれる装置で，オペラント条件づけに関する一連の実験を行った。その装置はレバーを押すとその下から少量のえさが出るようになっていた。空腹のネズミをこの装置に入れると，ネズミは最初箱の中を動き回る。その時，偶然レバーを押しエサを食べることを繰り返しながら，レバー押し反応の頻度が増大したのである（表 4-2，図 4-5 参照）。

　このようにある反応に引き続いて被験体にとって望ましい報酬（強化子）が与えられると，その反応がより多く生起するようになる。これがオペラント条件づけである。刺激の提示によりその直前の行動の自発頻度が上昇する場合，その刺激は正の強化子といわれ，この場合を正の強化という。これに対し，刺激を取り去ることによって行動の自発頻度が上昇する場合，その刺激を負の強化子，または嫌悪刺激といい，この条件づけの手続きは負の強化といわれる。いっぽう，正の強化子を取り去ったり，負の強化子を提示したりすると，直前の行動の自発頻度は減少する。このような手続きをそれぞれ負の罰，正の罰と

表 4-3 オペラント条件付けの手続き

|  |  | 自発行動後の強化子 ||
|---|---|---|---|
|  |  | 提示 | 除去 |
| 強化子 | 正 | 正の強化 | 負の罰 |
|  | 負 | 正の罰 | 負の強化 |

よぶ（表 4-3 参照）。

2) **強化スケジュール**　行動に対してどのように強化がともなうかの関係を，強化スケジュールという。強化スケジュールにはさまざまな種類があり，それぞれ行動の頻度がどのようになるかなどについて詳細な研究が行われている。ここではごく大まかに分けて，3つの種類の強化スケジュールを説明する。行動が自発されたとき必ず強化がともなう場合を連続強化スケジュールとよぶ。逆に，自発された行動に対しまったく強化がともなわない場合を消去スケジュールという。これら2つの間に，あるときは自発された行動に強化がともない，別のときにはともなわないスケジュールがある。このようなスケジュールを一般に部分強化スケジュールとよぶ。この部分強化をいつ与えるかによって，いくつかの種類に分けられる。

ある行動に対して連続強化スケジュールも，部分強化スケジュールもほとんどの場合，行動の自発頻度を上昇させる。一般に部分強化スケジュールは連続強化スケジュールより自発頻度の上昇は遅いが，高い自発頻度が得られる。オペラント条件付けによって行動の自発頻度が上昇したあと，消去スケジュールに移行すると，自発頻度は徐々に下降し，やがてもとのレベルに戻る。このときの自発頻度の下降しにくさを消去抵抗という。一般に連続強化スケジュールから消去に移行した場合より，部分強化スケジュールから移行した場合の方が消去抵抗は高いことが知られている（表 4-4 参照）。

3) **反応形成**　オペラント条件づけは，自発される反応を条件づけるので，反応が自発されなければ条件づけることができない。そこで，もともとレパートリーにない新しい反応を条件づけるために，目標行動をスモール・ステップ

表 4-4　強化のスケジュール

| スケジュール | 強化子のタイミング |
|---|---|
| 固定比率 | 決まったタイミングで与える。 |
| 変動比率 | 平均して 1/n 回の強化になるように強化をランダムに与える。 |
| 固定間隔 | 前回の強化からある一定の時間が経過した後に与える。 |
| 変動間隔 | 前回の強化から平均してある時間が経過した後に与える。 |

にわけ，達成が容易なものから順に形成して，目標反応に近づけていくという方法をとる。このように新しい行動を徐々に目的の行動に近づけていく方法をシェイピングとよぶ。人間の場合には，言語で行動を指示する教示法や他人が見本を示すモデリング法などがあり，そのメカニズムが行動主義的な枠組みから研究されている。

たとえば，イヌに「お座りして，お手して，一鳴きする」という行動をさせようとするとき，一気に，この行動をさせるのは難しい。そこで，行動を小さなものに分けて形成していく。①お座りしたらごほうびをあげる。②次はお座りして，お手をしたらごほうびをあげる。③さらに，お座りして，お手して，一鳴きしたらごほうびをあげるといったようなものである。

4) 認知的解釈　認知的立場では，反応に随伴して強化子を与えれば，自動的に強化されオペラント条件付けが成立するのではなく，自分の反応と強化子が随伴していて，その強化子を自分でコントロールできるという認知が重要であると考える。

この考えを支持するものとして，学習性無力感の研究があげられる。セリグマンとメイヤー（Seligman & Maier, 1967）は，逃避も回避もできない電撃経験が，その後の回避訓練に重大な影響を与えることを実験的に確かめている（図4-6参照）。彼らは第1群（逃避不可能群）のイヌをハーネスに固定して後脚から逃避不能の電撃を，64回与えた。その24時間後に照明の明かりを暗くする先行刺激（CS）の10秒後に電撃を与える回避訓練を行った。回避訓練は先行刺激から10秒間にイヌが障害を跳び越えて隣室に移れば電撃は回避されるものであった。第2群（逃避可能群）にはまず10試行の回避訓練を行ってから，24時間後に第1群と同様の逃避不能の電撃を与え，さらに24時間経てから回避訓練を行った。第3群（統制群）は，第1，2群と同様にハーネスに同じ時間，固定したが電撃は与えず，その後回避訓練を行った。図4-6には，3つの群のイヌが回避訓練での回避と逃避に失敗した割合を示した。事前に逃避不能の電撃を受けた群は明らかに成績が悪く，最初に10試行だけ回避訓練を経験してから逃避不能の電撃を受けた逃避可能群は，逃避不能の電撃を受けたことのない統制群と同じ良い成績を示している。セリグマン（1975）は，行動と結果が随伴しない，という一般的な認知を持つことが，「無力感」さらに

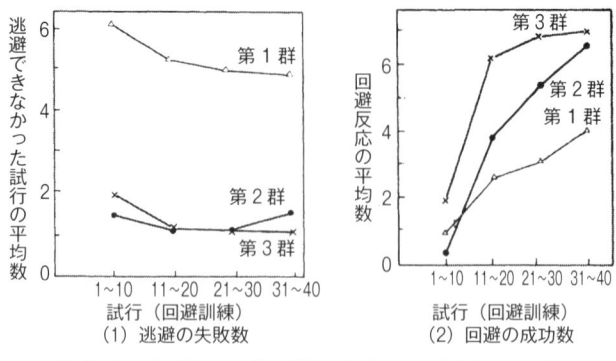

**図4-6** 学習性無力感の実験 (Seligman & Maier, 1967)
第1群：ヨークト群　第2群：回避可能群　第3群：統制群

は抑鬱（よくうつ）を引き起こすと主張した。セリグマンの考え方は，教育場面での学習された無気力を考えるうえで重要といえよう。

## 3　社会的学習

　我々の行動は，必ずしも条件付けの原理による学習だけではない。我々は自転車の乗り方や，挨拶の方法などを他の人たちの行動を観察することによって学習してきた。つまり，すべての行動を直接経験によって学習してきたのではない。バンデューラは，直接の強化がなくても，観察のみによって学習が成立することを示し，これを観察学習とよび，社会的学習理論を提唱した。社会的学習理論では人間が社会的な関係，相互作用のなかで，他者の行動や反応を模倣したり，行動の結果を認知したりするなどにより，そこから適切な行動を学ぶとされる。

　社会的学習理論では，期待を①効力期待（自分がある目標達成のための行動ができるかどうかという確信）と，②結果期待（ある行動を行ったときに，結果的に目標となる対象が得られるかどうかという見込み）にわける。たとえば，結果期待は毎日10kmのランニングをすれば，マラソン大会にも出られるようになるだろうという見込みであり，効力期待とは自分がそれだけの練習を続けられるかという自信である。彼は個人が知覚した効力期待を自己効力とよび，達成場面における自己効力の重要性を強調している。

1) **観察学習** 他者の行動をまねして，新しい行動を学習するものとして，模倣学習と，観察学習がある。模倣学習では，模倣者がモデルと同じ行動をすることによって何らかの報酬（強化）を受けることが，学習が成立する重要な要件である。これはモデルを媒介としたオペラント条件付けである。これに対して，観察学習では他者（モデル）の行動を観察するだけで，直接的な強化を受けない場合でも，学習は成立するとされる。バンデューラ（Bandura *et al.*, 1963）はこの他者の行動をモデルとして観察者の行動に変化が生じることをモデリング（modeling）とよび，以下のような実験で，それを示した。

まず，3～6歳の幼児（男女各48名）が以下の4条件に振り分けられた。①現実モデル条件（成人のモデルが隣室で攻撃行動をしているのを観察する），②映像モデル条件（同じ成人の攻撃行動を映画にとったものをみる），③漫画映画モデル条件（黒猫の格好をした漫画映画の主人公が攻撃行動をしているのをみる），④観察無し条件（攻撃行動を観察しない統制群）であった。現実モデル条件と映像モデル条件では，男性モデルと女性モデルがあり実験参加幼児の半数が同性のモデル，半数が異性のモデルを観察した。モデルを観察した幼児が見たものは，パンチキック（空気の入った人形）に対して，大人が罵りながら殴ったり，キックしたり，馬乗りになったりする攻撃行動であった。観察後，その人形のほかにも玩具のある遊戯室に案内され，幼児の遊戯室内での行

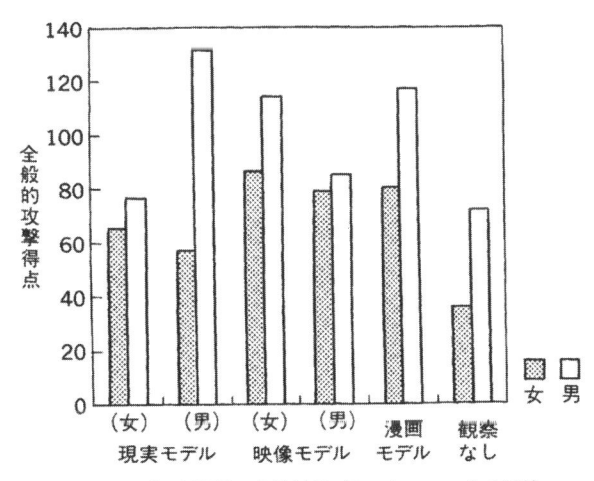

図 4-7 観察学習の実験結果（Bandura *et al.*, 1963）

動が観察された。

その結果，モデルを観察しない子どもに比べてモデルが示したような攻撃行動を多く示すことが見出された。また実際のモデルだけではなく，映像モデルや漫画映画モデル条件でも，攻撃行動のモデリングが生じたことが報告されている。

2) **代理強化**　観察学習では，観察者は行動を認知するだけで，強化を受けることなく観察のみで学習できるとされる。ところが，モデルが強化を受けることによって，観察学習の結果は大きく影響を受ける。このようなモデルが受ける強化を代理強化という。バンデューラ（1965）は攻撃行動をとったモデルがその後，①ほめられた場合（代理賞条件），②しかられた場合（代理罰条件），③なにもない場合（無強化，統制条件）について，観察後の子どもの攻撃行動を検討している。図4-8に示したように，罰を受けたモデルをみた子どもは，攻撃行動がほかの子どもに比べて低かった。しかし，代理賞によって攻撃行動の増大は示されていない。また，男女差も示されている。この実験ではさらに，子どもたちに，模倣を促したところ，どの群の子どももモデルの行動を再現することができた。このことは代理罰を受けた子どももモデルの行動内容はよく学習していたということであり，代理強化は学習そのものに関与するよりは，その行為を実行するかどうかという意思決定に効果をもつことを示している。

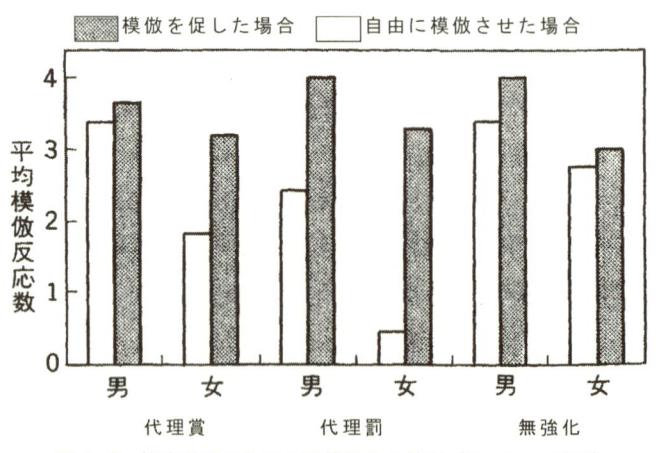

図4-8　観察学習における間接強化の効果（Bandura, 1965）

## 第2節 記憶の発達

子どもの知覚，注意の研究から，生後まもなくして音声の識別や複雑な図形の識別が可能になること，人の声や顔に対して敏感に反応することがわかる。このような子どもの知覚・注意機能が周囲のおとなの注意や関心を引き，世話を引き出す誘因となっているとも考えられる。

以上のような知覚・注意機能を土台とし，保育園や幼稚園に通うころから，子どもは，高度な記憶能力をもち備えるようになる。心理学のなかで，記憶とは，外界の情報を記銘（符号化）して保持し（貯蔵），必要に応じて保持した情報を再現する（検索）過程を指す（多鹿，2008）。われわれは，年齢が上がるにつれ，大量の情報を効率よく記銘・検索し，できるだけ忘れないようにする働きかけが行えるようになっていく。

以下では，幼児期後半から青年期にかけての記憶の発達を，基本的記憶能力，方略，メタ記憶の3つの窓から紹介していくことにする。

### 1 基本的記憶能力

基本的記憶能力とは，感覚記憶や短期記憶などの絶対的な容量やその記憶内で行われる情報処理や心的操作のスピードに反映される能力のことを指す。以下に，感覚記憶，短期記憶（ワーキングメモリ），長期記憶の分類にしたがって，それぞれの発達的変化を見ていく（図4−9）。

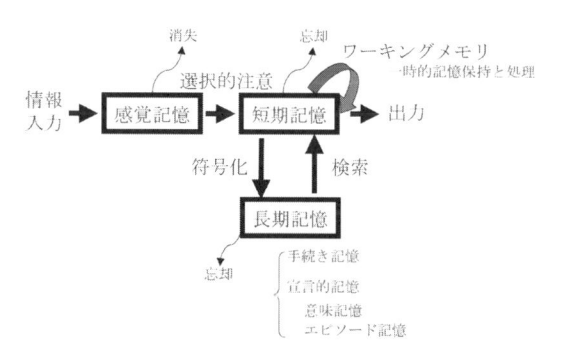

図4-9 記憶の情報処理モデル（Atkinson & Shiffrin, 1968を参考）と長期記憶の分類

1) **感覚記憶**　外界の情報が最初に入力される場所が感覚記憶システムである。この感覚記憶の絶対的容量は5歳以降の子どもからおとなにわたって一定であることがわかっている。しかし，情報の感覚的表象の形成速度は児童期を通じて向上するといわれる。一般的に，外界の刺激情報が脳内で完全な形の表象として形成されるまでに，おとなは10分の1秒ですむのに対して7歳児は7分の1秒かかるようだ（Hoving, et al., 1978）。

2) **短期記憶（ワーキングメモリ）**　短期記憶は，感覚記憶内で注意が払われた特定の刺激情報の単純な保持を行う場所である。短期記憶内に一度に保持できる容量は限界があり，感覚記憶の容量と同じように5歳児とおとなでは変わらないといわれている。しかし，短期記憶内で行われる処理速度は児童期を通じて飛躍的に高くなるといわれている。短期記憶内に入ってきた情報は何度も口に出して復唱する（以下，リハーサルと呼ぶ）などの処理を施さないと忘れ去られてしまう。したがって，短期記憶能力の増加はリハーサル速度の増加によって一部は説明できると考えられている。特に，7歳ころからリハーサルを頻繁に使用するようになるため，これが短期記憶能力の向上につながっていると考える。

近年では，短期記憶という概念に替わって，ワーキングメモリという概念で説明されることが多い。短期記憶という概念にかわって，なぜワーキングメモリという概念が必要になったのか。たとえば，ある物語を読むとき，私たちは文章を一文ずつ保持するだけではなく，その文章の内容が以前の文章とどのような関係にあるのか，どのような物語の展開になっているかなどの推論を働かせながら物語を読み進めていく。このように，私たちが単純に外界の情報を保持しているだけではないことは容易に想像がつく。したがって，情報の保持だけではなく，同時に推論，理解のような他の認知的課題で用いるために，その情報を処理するというアクティブな役目ももつ概念がワーキングメモリである。図4-10にあるように，ワーキングメモリは，3つの下位要素から構成されている。

音韻ループは，刺激材料の符号化を言語的にリハーサルする際にかかわり，視空間スケッチパッドは，視覚情報での符号化にかかわると考えられている。中央制御部は，音韻ループと視空間スケッチパッドの調整役と，長期記憶内か

                    中央制御部
        ↙         ↓         ↘
  視－空間      エピソード      音韻ループ
 スケッチパッド   バッファー
    ↕           ↕            ↕
  視覚的意味 ⇔ エピソード記憶 ⇔ 言語

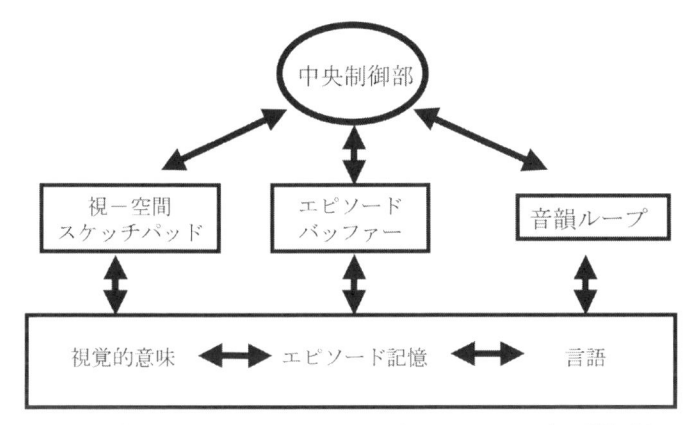

図4-10　ワーキングメモリのモデル（Baddeley, 2000を一部改変）

ら適切な情報を処理するエピソードバッファーを制御する役割をもつと考えられている。つまり，ある言語情報を，そのまま言語的にリハーサルするのがよいか，図などの視覚情報に変換して記銘するのがよいかの判断は，中央制御部が行っているといえる。このような中央制御部の機能は，脳内の前頭皮質で行われることがわかってきているため，前頭皮質の発達がワーキングメモリの発達と対応していることも多くの研究からわかっている。特に，幼児は絵などの視覚的な情報をそのまま視覚的な形で保持するが，幼児期後半から児童期にかけて，自発的に視覚的な情報を音韻的な符号へと加工することによってリハーサルを行うことができるようになる。このことから，情報の保持を高めるためのアクティブな処理能力が，児童期，特に7歳以降に高まっていくと考えられる。

　3）長期記憶　短期記憶，ワーキングメモリでは，一時的に情報が活性化した状態で保持されているのに対し，長期記憶は非活性化した状態で保持されている。感覚記憶，短期記憶と同様，長期記憶の容量は児童期以降一定であると考えられているが，処理速度が高くなるようだ。以下では，長期記憶をエピソード記憶と意味記憶の2種類に分けてその発達的変化を見ていくことにする。

　a）エピソード記憶
　エピソード記憶とは，「昨日の夕食はうどんだった」といった個人に関するエピソードについての記憶を指す。エピソード記憶の発達的変化を調べたフィ

ヴッシュとハモンド（Fivush & Hammond, 1990）は，4歳の子どもが，「ママからミルクをもらったらそれを吐いちゃった」という2年前の出来事を語ることを報告した。これは，幼児でも通常とは異なる出来事を長期にわたって覚えていることを意味している。特に印象の強い出来事であれば幼児でも覚えているようだが，印象深くないような出来事については毎日繰り返される出来事と区別されずに保持されているらしい。しかし，7歳以降に経験した出来事は次第に区別されて別のエピソードとして形成されていくようだ。

b）意味記憶

意味記憶とは「ミカンとリンゴは果物である」というような一般的に共有される知識の記憶である。エピソード記憶が「覚えている」記憶であるのに対し，意味記憶は「知っている」記憶になる。子どもの意味記憶の発達は概念発達と対応がつく。さらに，概念発達はカテゴリ化を行う能力とも深い関係にある。カテゴリ化とは，一群の事物を何らかの意味で同じものとして扱うことを指す。ミカンとリンゴが果物であるとわかるのは，果物という概念の下位概念としてミカンとリンゴが含まれている意味記憶構造をもっているからだといえる。4歳の幼児は，「クマとブドウは黒いから同じだよ」と答えるように，事物の見かけ上の特徴や自分の生活経験から関係づけてカテゴリ化する傾向が強いようだが，7歳ころから意味的な共通要素に基づいてカテゴリ化するようになっていく。日常生活のさまざまな文脈のなかで同時に見た対象がまとめて表象として作られていたのが年齢の増加とともにその対象と他の対象の類似性によってまとめるようになる。最終的には意味ネットワーク構造に支えられた意味記憶をもつようになると考えられる（図4-11）。

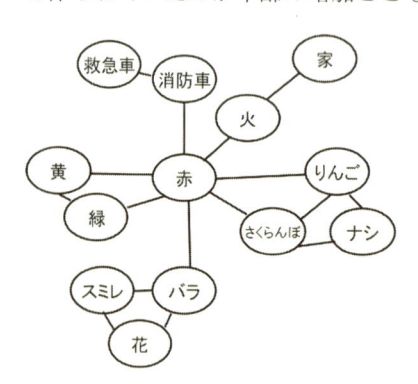

図4-11　意味記憶構造
　　　　（Collins & Loftus, 1975 を改変）

2　方略

年齢が上がるにつれ，ある情報を効率よく覚えたり思い出したりするための方略を使用することができるようになる。多様な方略の使用によって，処

理効率を上げ，長期記憶内の知識も飛躍的に増加させていく。このような方略の発達的変化を符号化方略と検索方略に分けて説明していくことにする。

1) **符号化方略としてのリハーサル方略・体制化方略**　リハーサル方略とは，情報を符号化する際，言葉によって口頭や頭の中で復唱することを指す。これを繰り返すと，短期記憶から長期記憶に情報が転送される。リハーサル方略の発達に関して，オーンスタインら（Ornstein et al., 1975）は，小学3年生，小学6年生，中学2年生でリハーサルの特徴とそれに伴う再生成績の関係を調べた。小学3年生は，項目ごとにリハーサルする受身リハーサルであるのに対し，中学2年生では以前に行った項目を加えるというアクティブなリハーサルを行っていた（表4-5）。さらに，庭・ネコ・机という単語を覚える際に，「庭の机の上にネコがいる」というような項目間の関係を強めるリハーサル（精緻化リハーサル）方略を小学3年生に教えたところ，そのようなアクティブなリハーサルを行い，再生成績が上昇することがわかった（Cox et al., 1989）。

一方，体制化方略とは単語などの学習材料を覚える際にカテゴリ化して覚えることを指す。リハーサル方略と同様，繰り返すと長期記憶に情報が転送される。シュナイダーら（Schneider et al., 1986）は，小学2年生と小学4年生に動物や家具に属する24枚の絵カードを見せ覚えるように促し，さらに2分間で絵カードを分類するように教示した。その結果，自発的に絵カードの分類を覚えるための体制化方略として使用した児童は，小学2年生では10%，小学4年生は60%程度であり，小学4年生の方が方略的行動をとっている割合が小学2年生よりも高くなった。しかし，小学4年生のなかには成績を促進させるために体制化方略をとっている児童もいる一方で，必ずしもそのような方略的行動をとらない児童も含まれていた。

表4-5　年齢別のリハーサル使用例（多鹿, 2008より）

| 提示された単語 | 中学2年生 | 小学3年生 |
|---|---|---|
| 1 庭 | 庭,庭,庭,庭 | 庭,庭,庭,庭 |
| 2 ネコ | ネコ,庭,庭,ネコ | ネコ,ネコ,ネコ,ネコ,庭 |
| 3 男 | 男,ネコ,庭,男,庭,ネコ | 男,男,男,男,男 |
| 4 机 | 机,男,庭,ネコ,男,机,ネコ,庭 | 机,机,机,机 |

2）検索方略　　思い出す際にも方略を使用すると，飛躍的に成績が増加することが知られている。たとえば，テスト効果と呼ばれる現象がある（e.g., Karpicke & Roediger, 2008）。これは，知識として定着させたい情報を，単に覚えるよりも繰り返し想起するという訓練を行なうと，その情報が長期にわたって知識に定着しやすくなることを意味する。上述した符号化方略の発達的変化と同様に，児童期中期から，思い出す際の有効な手がかりや検索自体が1つの有効な手段であることに気づきはじめ，方略を頻繁に使い始めるが，成績向上に必ずしもつながるわけではない点が特徴的である。

## 3　メタ記憶

　メタ記憶とは，個人の記憶についての記憶であり，個人の記憶活動にかかわる知識や実際の活動などを含む概念であり，メタ認知の下位概念として位置づけられている。一般的に，「忘れることがありますか」と素朴な質問をすると，小学1年生以上では，「ときには忘れる」と答えるが，5歳以下の子どもは3割ほど「自分は忘れない」と答える（Kreutzer *et al.*, 1975）。これは自己の記憶に関する知識が乏しいことを示しており，メタ記憶能力の発達と関係がある。たとえば，「たくさんのことを一度に言われても覚えきれない」といった判断が下せるのは，自己の記憶特性について，ある程度正確な知識をもっているからだといえる。このような知識も児童期以降急速に発達していくことがわかっている。メタ記憶は，幼児期に芽生え，6～12歳頃に学校教育の中で，リハーサルの有効性や方略の自発的な使用に関して著しい発達を遂げていく。

　最近の研究を例にあげると，ロックルとシュナイダー（Lockl & Schneider, 2004）は，7歳児と9歳児に対して，互いに連想関係にあって覚え易い単語ペアのリスト（「ネコ―イヌ」など）と，関連が低く覚えにくい単語ペアのリスト（「本―カエル」など）を与え，自発的な学習時間の配分を調べた。その際に，「絶対思い出せるという確信がもてるようになるまで学習するよう教示する」A条件と「各項目の学習に必要な時間だけ学習するように教示する」B条件を設定した。その結果，B教示条件で，9歳児は7歳児よりも覚えにくい単語ペアのリストに，より長い学習時間をあてた。さらに，7歳児，9歳児にかかわらず，A教示条件では覚えにくい単語ペアのリストに，より長い学習時

間をあてることがわかった。

これまで述べてきたように、子どもは符号化方略や検索方略の有効性に気づいていくが、すぐにうまく使いこなせるわけではない。実際に成績の向上につながるように方略を使いこなす段階に至るのは、児童期後半かそれ以降であると考えられている。

### 4 まとめ

以上のことから、子どもは生後すぐに外界の環境に積極的に働きかけはじめ、知的な営みを行う有能な存在であることがわかる。さらに、近年の巧妙な実験によって、子どもの記憶能力もずいぶん早い時期から獲得されていることが示唆されており、今後の研究に期待が集まっている。子どもは、知覚、注意能力を働かせ、おとなの世話を引き出そうとする能動的な存在である。このようにして、子どもは周囲とのかかわりのなかで、基本的記憶能力の発達を基盤に、失敗しながらもどのような方略をとると自己にとって有効かということを幼児期には意識し始める。児童期に入るころには、方略使用と成績向上との因果関係に気づき、それを知識として蓄積していくことによって方略の熟達利用へと結び付けていくのだと考えられる（図4-12）。児童期以降は発達の場としての教育のなかで、さまざまな方略を教師や周りの子どもと共有していくなかで、さらに高度な記憶能力を身につけていくようになる。

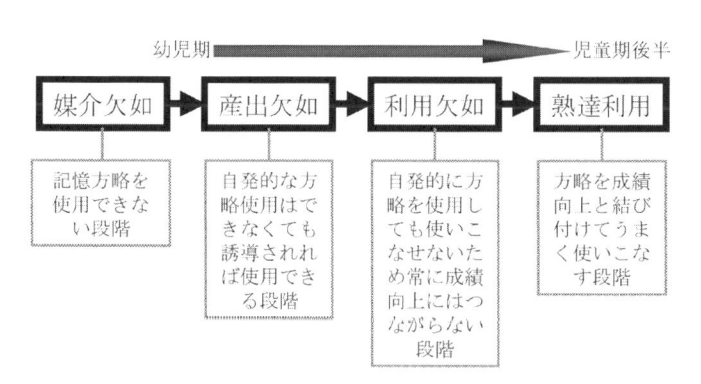

幼児期 ▶ 児童期後半

| 媒介欠如 | 産出欠如 | 利用欠如 | 熟達利用 |
|---|---|---|---|
| 記憶方略を使用できない段階 | 自発的な方略使用はできなくても誘導されれば使用できる段階 | 自発的に方略を使用してもうまく使いこなせないため常に成績向上にはつながらない段階 | 方略を成績向上と結び付けてうまく使いこなす段階 |

図4-12　記憶方略の使用に関する発達段階の特徴

## 第3節 学習の種類

ここでは，心理学の学習理論などを元に構成されてきた4つの教授理論について概説する。さらに，個々の学習者に応じた教育の重要性についても言及する。言うまでもないことであるが，授業をするときに大切なことは，教師が望む学習を学習者に生起させることであり，その時の学習者の状態に関係なく授業が行われるようなことがあってはならない。学習者を抜きにして，この教授法が正しい，教授はこの方法で行われるべきだなどと固定的に考えないほうがよい。以下に典型的と思われる教授理論を述べるが，それぞれがどのような学習者に対して有効なのかについていつも注意を払っておく必要がある。

### 1 教授理論

1) プログラム学習　　教室には知識の豊かな者・貧弱な者，反応の早い者・遅い者，正確さを求める者・大雑把な把握しかしない者など，さまざまな生徒がいる。そこで，ある知識を与えて，「わかった人」で挙手をとり，3分の2程度の生徒の理解が得られれば次に進まざるを得ないような状況がどうしても生じてくる。「わからない人はあとで教科書をよく読んでおきなさい」といっても，教科書そのものがその生徒にとってなんら学習に役に立たないこともある。こうして，わからない者はどんどん「落ちこぼれ」ていく。

そこで，学習目標の達成のために，カリキュラムの設計を各単元，各教材，各概念にまで掘り下げて，あらかじめ生徒の反応を予測して，それらへの対応を設計し，系統だった内容を詳細な手順に沿って，個別学習の形態で学習目標へ確実に到達させるという方法が考えられる。これをプログラム学習という。プログラム学習はスキナーのオペラント条件付けにその理論的基盤をおいている（スキナー，1969）。学習教材は，詳細な学習項目に分割されており，この項目をフレーム（frame）とよぶ。この学習プログラム分割の仕方には，スキナーの考案による直線型プログラムと，クラウダーの考案による分岐型プログラムの2種類がある。また，それらに治療的プログラムを加えた治療型プログラムがある。

プログラム学習には以下の4つの原理が重要である。

①積極的反応の原理　オペラント条件付けは自発的なオペラント行動を強化することによってなされるから，強化すべき行動がどうしても必要である。プログラム学習ではそれは問いに答えるという行動である。

②即時フィードバックの原理　学習者が問いに反応すると，その正誤を学習者自身にすぐさま知らせる。こうした情報をKR（knowledge of result）情報とよぶ。正しい反応は誉め，まちがった反応は違っていることを示し，激励する。学習者からすれば自分の反応に関するフィードバック情報を得るということである。しかし，1人ひとりに即時にKR情報を与えることは，一斉授業においては困難であり，コンピュータを用いた授業が工夫される。

③スモールステップの原理　生徒の誤りは，訂正しなくてはならない。しかし，それは情緒的な不安定ももたらす。問いから問いへのステップが大きければ生徒は間違いを犯しやすくなる。そこで，できるだけ間違いを減らし，正しい答えを多くしてやる必要がある。そのためには，少しずつ学習を進めていくスモールステップにすればよい。

④学習者自己ペースの原理　学習のペースには個人差があり，プログラム学習を有効に進めていくためには，この個人差を尊重しなければならない。分岐型のプログラムでは学習者へ異なるコースを呈示して対応することができるが，単線型プログラムでは学習者の個人差はプログラム上の進度の違いだけである。教材をやさしいと感じる学習者は早く通過していくことになり，難しいと感じる学習者はゆっくりと通過していくことになる。

プログラム学習の場合，学習者は学習すべき知識はほとんどないと見なし，カリキュラムが構成される。学習者の既有の知識を前提とせず新しい知識がプログラムされたコースに沿って累積されていくのである。

学習者が自分のペースで自発的に学習を進めていくことを可能にするプログラム学習は，一斉授業の問題点を取り除くものとして，多くの教師からも期待をもって迎えられた。日本でも，1960年頃から注目されはじめ，教育界に普及していった。しかし，基礎的な研究が不十分なままのプログラム作成や一斉授業の根強い習慣といった問題も大きく，必ずしも十分な成果を上げるに至ってはいない。ただ，プログラム学習によってもたらされた，学習目標の明確化，

〈直線型〉

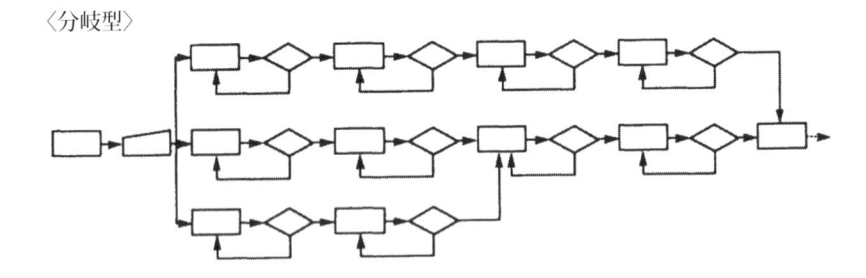

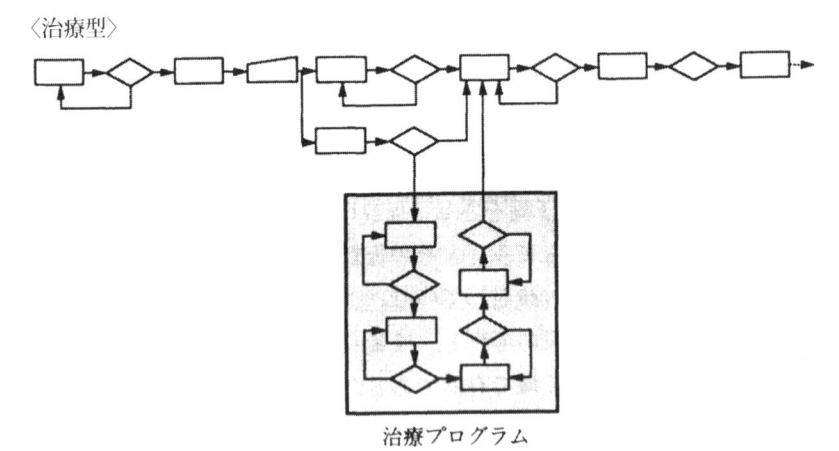

〈分岐型〉

〈治療型〉

**治療プログラム**

図4-13　プログラム学習のモデル

学習の個別化といった路線は生き続け，今後の教授―学習設計に有効な指針となっているといえよう。

　2）**完全習得学習**　学習の時間を十分にかければ，どの生徒に対しても，いかなる学習課題をも理解させることができるというキャロルの主張を発展させて，ブルーム（Bloom, B. S. *et al.*, 1971）は，完全習得学習（mastery learning）を提唱した。

　完全習得学習では，あらかじめ学習指導のまとまりごとに，つまずきを治療

する補充指導のステップを挿入しておき，次のまとまりに進むときには全員がその内容を完全に習得しておくような指導方式をとる。

　完全習得学習では，まずひとまとまりの学習内容（単元または小単元）を学級単位の一斉指導で教え，次に個々の児童生徒の学習状況を把握するための小テストを実施し，この結果を参考に，1人ひとりの状況に応じた習熟度別指導を実施しようというのである。理解や習熟の不十分な児童生徒たちには治療的な補充指導を行い，すでに学習が成立している児童生徒たちには，いっそうの定着を目指した学習や発展学習にその時間を充てるのである。以上のような，一斉指導→形成的評価→補充・定着・発展学習というサイクルを経て一定の学習指導が終了した段階で最終テストを実施する。

　完全習得学習とは，生徒に学習の内容について完全に理解させることをめざすもので，そのためにブルームは，①認知的目標，②情緒的目標，③運動技能的目標の3つに教育目標を分類した。これらの教育目標は，学習内容の軸と学習行動の軸という2つの軸からなるマトリックスのなかに位置づけられる。教育目標は行動的目標群を構成するので，学習の到達度を明確に示し，達成状態を容易に測定できると考えた。完全習得学習では，教育目標の90％以上を児童生徒が理解できる水準に達するように指導計画を綿密に調整し，個別的な学習計画にそって指導をするのである。

　3）　発見学習　　自然現象のしくみや，社会のしくみなどについての知識は，教師が既存のものとして与えていくことがよいとは限らない。これらは，児童生徒の既有知識にゆさぶりをかけて，児童生徒たち自身の好奇心を引き出すことによって，自発的に学習していく場合が多い。そうした自主的学習のできる環境を整備していくことも，教師にとって重要な仕事となる。

　子どもたちは自分の周りのさまざまな現象について，観察や調べ学習，あるいは実験などによって自分の周りの諸現象についての一定の法則・規則を発見していく。その際の教師の助言や援助によって，系統的な身についた知識として育て上げていく，こうした授業の形式を発見学習（discovery learning）とよぶ。

　発見学習の教授・学習過程としては，次の4つの段階がある。

　①問題発見　　発見されるべき問題を学習者が把握する段階。

②仮説設定　与えられた教材などから仮説を立てる段階。
③仮説検証と洗練　仮説から演繹的に導き出された予想を検証し，結果との比較から仮説を更に洗練していく段階。
④結論と応用　結論を得たりまとめをしたり，得たものを応用して発展を図る段階。

　このような，発見学習の長所は次のようであるとブルーナーは主張する。(1)知識を再組織化する能力を高める。(2)自発的または発見それ自体のもたらす報酬によって，内発的動機づけが増大する。(3)発見の技法を学習する。(4)知識が体制化され，よりよく学習内容が保持され転移する。

　もちろん，これらの長所が生まれるには，発見学習が成立しなければならない。そうでなければ発見学習はかえってマイナスになる。仮説定立やその検証といった持続的な努力を学習者が維持することができないと発見学習は成立しない。維持するためには高い動機づけが必要かも知れない。課題が明確になりにくい年少児の場合，発見がはっきり発見だと意識されにくいかもしれない。失敗の経験や自己有能感をもたない場合などは長時間の活動の維持が困難になることも考えられる。

　4）　**有意味受容学習**　有意味受容学習（meaningful reception leaning）は，オースベル（Ausubel, D. P.）によって提唱された教授の理論である。彼は学習に2つの次元を導入して有意味受容学習を他の学習から区別しようとした。第1の次元は，受容─発見である。学習者に学習してほしい最終的なかたちで教材が与えられるのが受容学習である。それに対して最終的に学習してほしいものが学習者によって発見されなければならないとするのが発見学習である。発見学習によって学習されたものは保持がよく，また転移においても優れていると主張されることが多いが，彼はすべての発見学習が有意味になされるわけではないと批判した。もう1つの次元は学習が，有意味学習であるか，機械的なものであるかである。有意味であるというのは，学習者が学習材料を既有知識に関連づけて理解し，学習できることをいう。

　この2つの次元から，次の4つの組合せができる。①受容的で機械的，②受容的で有意味，③発見的で機械的，④発見的で有意味の4つである。発見学習が優れていると考えるのは有意味な発見学習においてであり，発見学習におい

ても，学習が既存の認知構造に関連づけること無しに覚え込もうとするものであれば，それは機械的学習に過ぎないというのである。受容学習を劣っていると考えるのは機械的な受容学習だけをみて有意味な受容学習を考えないからである。

オースベルが有意味受容学習を教授の理論として大きく取り上げるのは，現実に学校で行われている教育のほとんどが，この学習様式で占められているからである。そして，学習者の年齢が上がるなどして，言語的・概念的能力が発達すれば受容学習であっても，十分に有意味学習をできると考えるからである。

有意味学習の成立要件として，彼は3つをあげている（図4-14）。第1は学習材料の相互関連性である。学習材料は論理的に構造化されていなくては，有意味学習は成立しない。これを論理的有意味性という。第2は潜在的有意味性であり，学習材料に関連する適切な知識が学習者に存在し，学習者にとってはその知識の利用可能性があることである。第3は学習者が有意味学習の構えをもつことである。これらのどれが欠けても有意味学習とはならないのである。

たとえば，金属に関する一般知識を先に与え，そのあと冶金（やきん）の具体的な知識を学習するといった場合を考えればよい（Ausubel, et. al., 1984）。このように，学習すべき知識にちょっとした解説や説明を加えることでちゃんとその意味を理解させることができるものを解説オーガナイザーとよぶ。

また我々には，類推という知的機能が備わっている。たとえば，記憶の知識の構造の説明するために，図書館の分類別に整理された本棚の構造を対比することによって，そこから記憶についての記述の理解が容易になることがある。このようなアナロジー的知識を比較オーガナイザーとよぶ。

今日では，このように学習が有意味に進んでいくように教材やカリキュラムが組まれるようになってきている。その意味で，教師の授業設計の役割は多大なものといえよう。

## 2　教授理論の適用

以上のような教授理論を適用するためには，場合に応じて使い分けなければならない。使い分けるには，これらの理論の相違点と適用限界を理解しておかなければならない。

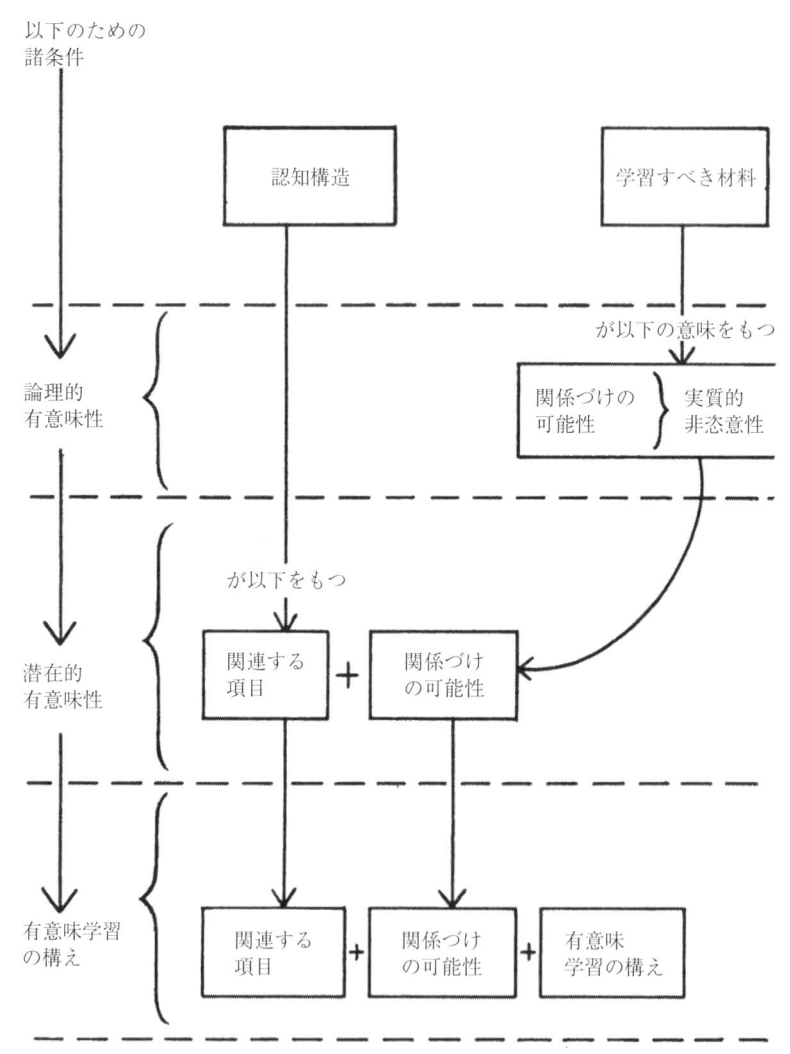

図 4-14　論理的有意味性，潜在的有意味性，および有意味学習のための必要条件の図示
　　　　（Ausubel & Robinson, 1969）

この4つの教授理論は教師による学習者のコントロールの程度が異なっている。プログラム学習，有意味受容学習，完全習得学習，発見学習の順でコントロールが弱くなっていく。プログラム学習では教師の望む学習がなされていることをいちいち確認している。発見学習での学習は教師にとっては把握できていない部分が多くなるであろう。学習者に任されている部分が多いのである。コントロールが少なくなれば学習者まかせの部分が増える。それでも学習が成立していることが保証されるためには学習者の特性についての制限がきつくならざるを得ない。プログラム学習では学習者は白紙状態でも構わない。有意味受容学習ではそうはいかない。学習者に学習材料に関連する知識があることが必要であるし，学習者に有意味学習の構えがあることも要求されている。発見学習では課題や方法に関する知識を求められるし，知識構造への組み込みも教師の配慮が少ない分だけ努力を要するであろう。

　ある教授の型でよく学習がなされるためには条件があるのである。学習者については当然であるし，教材についてもそうである。体系的な構造をもった教材は学習者は有意味に理解しやすいが，すべての教材がそうできるわけではない。教師の能力も関係する。能力がある教師が教材を有意味な形にできても，どの教師にもできるというわけにはいかないこともあるのである。

## 3　適性処遇交互作用：ATIと授業

　ATI（aptitude treatment interaction）とは学習者の適性と教授の仕方すなわち処遇との間にみられる交互作用のことである。交互作用とは，一般的には2つ以上の要因が関係することによって説明される効果である。学習者の適性と教授という処遇によって説明される交互作用がATIであって，適性処遇交互作用と訳される。

　たとえば，クラスの中には不安の高い生徒も，低い生徒もいる（図4-15を参照）。そこで教え方として教師中心の方法と生徒中心の方法で教えた場合，学習効果が異なる可能性が考えられる。この場合，適性を考えることなく学習者をひとまとめにして2つの教授法の間で比較した場合，平均されてしまうので教授法による効果の差はないことになってしまう。しかしながら適性と処遇との関係から見てみると，2つの教授法は異なった効果を持っていることがわ

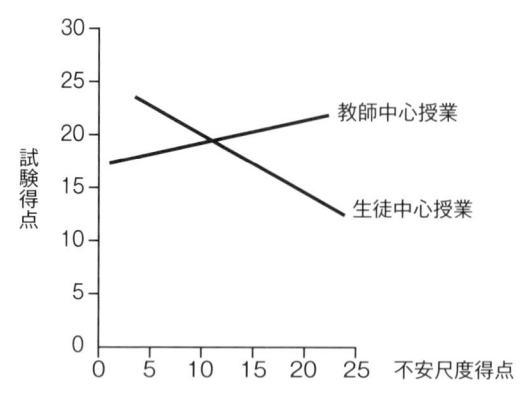

図4-15 不安水準と授業方法の交互作用
（Dowaliby, F. J. & Schumer, H., 1973 より）

かる。高不安の生徒には教師中心授業が，低不安の生徒には生徒中心の授業の方が高い学習効果が生み出されるのである。反対の場合は，学習効果が低くなってしまうことになる。

つまり，ある1つの教授法はすべての学習者に等しく効果があるわけではなく，学習者の適性によって，異なる教授法を用いて学習の最適化を図っていくという考えである。教授法が固定されているとその方法のもとでよく学習できる学習者がいつもよい成績をおさめることになる。他の教授法で指導すれば，他の学習者がいつもよりよく学習できることも有り得るのである。

このATIの考え方はクロンバック（Cronbach, 1967）の提唱したものである。彼は教育目標を変えることなく教授法を変えることによって同じ教育目標を達成させようと考えるのである。ただし，教授法をかえることは，別の学習をさせていることになり，差別になりかねない面があり，ATIの根本思想に逆行しかねない。また，ある学習者に効果のある方法が，長い目でみたときに必ずしも最良の方法でないこともある。

文献

Allport, G.W. 1961 Pattern and growth in personality. New York: Holt, Rinehart & Winston.

Atkinson, R.C. & Shiffrin, R.M. 1968 Human memory: A proposed system and its control processes. In K.W. Spence, & J.T. Spence (Eds.), The psychology of learning and motivation, Vol.2. New York: Academic Press. Pp. 89-195.

Ausubel, D. P. & Robinson, F. G. 1969 School learning. An introduction to educational psychology. Holt, Rinehart and Winston, Inc., NewYork.（オースベル，D. P.・ロビンソン，F.G. 吉田章宏・松田彌生（訳） 1984 教室学習の心理学 黎明書房）

Ausubel, D. P., Novak, J. D. & Hanesian, H. 1978 Educational Psychology: A cognitive view. 2nd ed. New York: Holt, Rinehart & Winston.

東 洋 1989 教育の心理学 有斐閣

馬場久志 1996 授業における教授学習過程 大村彰道（編） 教育心理学Ⅰ 東京大学出版会

Baddeley, A.D. 2000 The episodic buffer: a new component of working memory? Trends in Cognitive Sciences, 4, 417-423.

Bandura, A. 1965 Influence of models' reinforcement contingencies on the acquisition of imitative response. Journal of Personality and Social Psychology, 1, 589-595.

Bandura, A., Ross, D. & Ross. S. A. 1963 Imitation of film-mediated aggressive models. Journal of Abnormal and Social Psychology, 66, 3-11.

Bloom, B. S., Hastings, J. T. & Madaus, G. F. 1971 Handbook on formative and summative evaluation of student learning. New York: McGraw-Hill.Bridges, K. M. B. 1932 Emotional development in early infancy. Child development, 3, 324-334.

Bloom, B. S. 1976, Human Characteristics and School Learning. McGraw-Hill.（ブルーム，B.S. 梶田叡一・松田弥生（訳） 1980 個人特性と学校学習 第一法規）

Carroll, J.B. 1963 A model of school learning., Teachers College Record, Vol.64, N0.8, 723-733.

Cox, B.D., Ornstein, P.A., Naus, M.J., Maxfield, D. & Zimer, J. 1989 Children's concurrent use of rehearsal and organizational strategies. Developmental Psychology, 25, 619-627.

Cronbach, L. J. 1967 How can instruction by adapted to individual differences? In R. M. Gagng (Ed.), Learning and individual differences. Columbus, Ohio: Bobbs-Merrill,

Cronbach, L. J. & Snow, R. E. 1977 Aptitudes and instructional methods: A handbook for research on instructions. New York: Irvington.

Cronbach. L. J. 1957 The two disciplines of scientific psychology. American Psychologist, 12, 671-684.

Dowaliby, F.J. & Schumer, H. 1973 Teacher-centered versus student-centered mode of college classroom instruction as related to manifest anxiety. Journal of Educational Psychology, 64, 125-132.

Fivush, R. & Hammond, N.R. 1990 Autobiographical memory across the preschool years: Toward reconceptualising childhood amnesia. In R. Fivush & J. Hudson (Eds.), Knowing and remembering in young children. New York: Cambridge University Press. 223-248.

ガニエ，E.D. 赤堀侃司・岸 学（訳） 1989 学習指導と認知心理学 パーソナルメディア

Harris, B. 1979 Whatever happened to Little Albert? American Psychologist, 34, 2, 151–160.

Holland J.G. & Skinner B.F. 1961 The analysis of behavior. New York: McGraw-Hill.

Hoving, K.L., Spencer, T., Robb, K.Y. & Schulte, D. 1978 Developmental changes in visual information processing. In P.A. Ornstein (Ed.), Memory development in children. Hillsdale, NJ: Erlbaum.

Karpicke, J.D. & Roediger, H.L. Ⅲ 2008 The critical importance of retrieval for learning. Science, 319, 966-968.

北尾倫彦 1991 学習指導の心理学 有斐閣

Kreutzer, M.A., Leonard, C. & Fravell, J.H. 1975 An interview study of children's knowledge about memory. Monograph of the Society for Research in Child Development, 40 (Whole no. 159).

Lockl, K., & Schneider, W. 2004 The effects of incentives and instructions on children's allocation of study time. European Journal of Developmental Psychology, 1, 153-169.

Ornstein, P.A., Naus, M.J. & Liberty, C. 1975 Rehearsal and organizational processes in children's memory. Child Development, 46, 818-830.

Pavlov, I.P. 1927 Conditioned Reflexes: An Investigation of the Physiological Activity of the Cerebral Cortex. (Translated and Edited by G. V. Anrep. London: Oxford University Press. Available online)

Schunk, D.H. 2004 Learning Theories: An Educational Perspective (136-189; ch. 4 Information Processing). Upper Saddle River, NJ: Pearson.

Seligman, M. E. P. & Maier. S. F. 1967 Failure to escape traumatic shock. Journal of Experimental Psychology, 74, 1-9

Skinner, B.F. 1932 On the rate of formation of a conditioned reflex. Journal of General Psychology, 7, 274-286.

Skinner, B.F. 1938 The Behavior of Organisms: An Experimental Analysis. New York: Appleton-Century.

Skinner, B.F. 1969 Contingencies of reinforcement: A theoretical analysis. New York :Prentice-Hall.

多鹿秀継 2008 符号化・検索 太田信夫・多鹿秀継（編） 記憶の生涯発達心理学 北大路書房 130-140.

Wagner, A. R., Siegel, S., Thomas, E., & Ellison, G. D. 1964 Reinforcement history and the extinction of conditioned salivary response. Journal of Comparative and Physiological Psychology, 58, 354-358.

Watson, J.B. and Rayner, R. 1920 Conditioned emotional reactions. Journal of Experimental Psychology, 3, 1, 1–14.

Yerkes, Robert M. & Segius Morgulis 1909 The Method of Pawlow in Animal Psychology. Psychological Bulletin, 6, 257-273.

### コラム4

# 学校教育における ICT 活用とその問題点

## 1. 学校における ICT の現状

　今日の教育界では ICT（Information and Communication Technology）すなわち，情報化社会における「情報」と「コミュニケーション」の技術がキーワードのひとつとなってきている。インターネットやコンピュータの利用に当たっては，その特徴を生かすための技術の学習が重要である。

　わが国のインターネット教育利用プロジェクトの先駆けとなったのは 1996 年から始まった 100 校プロジェクトといわれる「ネットワーク利用環境提供事業」であるが，2008 年にはほぼ 90％ の小中高等学校がブロードバンドに接続している。一方，2009 年 3 月の文部科学省調査によると，ICT を授業で活用できる教員は 56％ にすぎないが，2001 年に政府が設定した「e‐JAPAN 戦略」では，概ね全ての教員が IT を活用して指導できることが求められており，ますます，ICT 教育は必須のものとなっていくであろう。

## 2. ICT の教育への活用

　インターネット社会における ICT の活用には，①教材提示など授業における ICT を授業の補助とする活用，②教育データベースを活用した教材研究や教育関連情報の収集，③児童生徒の成績情報などのデータの整理，④児童生徒自身の調べ学習での活用，⑤ e ラーニングなどによる児童生徒の学習支援，⑥ホームページ作成などによる学習成果や教育実践などの情報発信など多岐にわたる。もちろん，1 時間の授業の全てに ICT を使う必要はない。ICT を使いさえすれば必ず授業が深まるというわけではない。授業の一部で，効果的に活用していくことが大切である。そのためには，

教員は1回，1回の授業目標をしっかりとたて，どんな場面でどのようにICTを活用するかを考える必要がある。ICTを活用することでどのような効果があるかを把握して初めてICTを活用することが生きてくる。つまり，これまでの授業計画と同様に，授業をどう組み立てるかを考えることが大切である。その時，授業の一部にICT活用をすることを考えて，これまで以上に児童生徒の理解が深まり，興味・関心を高めることができると見込まれるときにICTを活用するべきである。ICTを使うことが目的ではなく，目的はあくまで授業の目標を達成することである。

### 3. eラーニングはバラ色の近未来学習方法なのか？

インターネットを中心とした情報化社会の特徴の1つに，時間と場所の制約からの解放があげられる。こうしたICTの特長を効果的に使った学習の形態としてeラーニングが注目されている。

eラーニングとはコンピュータや携帯電話を通してインターネットに接続し，学習者が主体的に学習できる学習形態のことである。eラーニングのシステムは「教材」と「学習管理システム」から構成されている。教師はeラーニングシステムの中に学習内容と課題を含む教材を登録したり，学習者からの質問に答えたり，学習レポートを添削したりする。学習者はインターネットを通じて，教材を受け取り，問題を解いたり，質問したり，課題レポートを提出したりする。

このようなeラーニングシステムには，非同期性と，双方向性という長所がある。非同期性とは，すべての学習者や教師が学習の場に集まり，同時刻に学習を進めなくても良いということである。教師は教室にいなくても，授業を教材として登録しておけばよいのである。双方向性とは，教師と学習者，または学習者どうしが，メール，チャット，電子掲示板などで

お互いにコミュニケーションをはかりながら学習できるという特徴である。対面の一斉授業で，教師は教室の全員の学習状況を逐一確認することはできないし，クラスの全員に個々にコミュニケーションを取ることができない。

　このように教師は教材を登録しておけば教室に行かなくても学習者が勝手に学習してくれる。学習者はわざわざ学校に行かなくても家で先生の授業が受けられる。時間割に縛られることなく，朝早く起きる必要がないかもしれない。勉強したくなったら勉強を始めればよい。eラーニングはまるで近未来の良いことづくめの学習方法であるかのように見えるかもしれない。しかし，問題点も多くある。

　教師は，学習者の状況をデータからしか把握できない。学習中のようすは把握できないのである。また，教材の作成のためにはあらかじめ充分に教材を研究しなければならないし，さまざまな学習者の学習過程に対応した教材を準備する必要もある。この作業は意外に大変である。メールや電子掲示板で質問には文字で答えなくてはならない。音声ですべての生徒に一斉に答えるよりも，文章を書いて答える手間はかなり大きいのである。

　一方，学習者は，周りの同級生たちが頑張っていることに触発されることもなく，1人で学習を進めなくてはならない。またいつやっても良いためについつい先延ばししてしまい，学習意欲を持続することが難しくなる。eラーニングという学習方法は便利な学習方法である。学習の多くの制約を取り払ってくれる。しかし同時に別の制約も生まれるのである。やはり，eラーニングの長所，短所を理解し，その長所をもっとも効果的に生かせる場面で必要に応じて活用するべきであり，教室学習に100％取って代わるものではない。

# 第5章　動機づけの理論：学校での学習を中心に

## 第1節　動機づけの必要性

### 1　児童・生徒の動機づけの現状

　近年，国際的な学力比較調査の結果が，新聞などでも紹介されるなど，社会的な注目が高まっている。この中から，あるデータを紹介したい。それは，IEA（国際教育到達度評価学会）が行っているTIMSS調査の2007年度版における，学習へのやる気，すなわち動機づけに関連するデータである。まず，算数・数学を学ぶ楽しさについてである（表5-1，章末表5-2参照）。これは国際的に比較して，日本はかなり下位にある。特に，中学校2年生の数学の楽しさにおいては，「そう思う」「強くそう思う」をあわせた割合が39％にとどまっている。この傾向は，理科についても同様である。これらのことから，数学・理科に対して，児童・生徒はあまり楽しさを感じていない様子が分かる。

　続いて，中学2年生に数学を学ぶ意義を尋ねたものについて紹介したい。これについても国際的に比較して，かなり下位にあるといえる（章末表5-3）。そして，算数・数学の勉強に対する自信であるが，これも国際的に極めて低い（章末表5-4，章末表5-5）。

　このようなデータからみる日本の児童・生徒の学習への意欲は，国際的にかなり低く，日本の子ども達にとって，学習は楽しくなく，学ぶ意義も感じられず，自信もないが学習を行っている，という様子がうかがえる。

　では，このような傾向は，学年が上がっていくとどのように変化するのであろうか。荻原（1980）は，小学校4年生から高校3年生までの，学習に対する

「やる気」に関するデータを紹介している（図5-1）。その結果，各教科の「やる気」が軒並み右肩下がりに低下していく傾向がみられている。このデータは少し古いものではあるが，先ほどのTIMSS調査での小学校4年生と中学校2年生のデータをくらべてみても同様の傾向がみて取れるであろう。このように児童・生徒の動機づけは，学年が上がるごとに下がっていくという傾向がみられるようである。

さて，新井（1995）は生涯学習と関連させて以下のように述べている。「……学校を卒業した後の生涯学習が重視されるようになった今，学校の役割は学習を学校時代だけで完結させるのではなく，将来の生涯学習者の基礎を育てることにある

表5-1　TIMSS2007における「算数の勉強は楽しい（小学校4年生）」という項目への回答（IEA）国立教育政策研究所

| 国／地域 | 「強くそう思う」と答えた児童の割合（％）2007年 | 「そう思う」と答えた児童の割合（％）2007年 |
|---|---|---|
| コロンビア | 86 | 9 |
| アルジェリア | 83 | 9 |
| グルジア | 83 | 11 |
| モロッコ | 83 | 10 |
| チュニジア | 83 | 10 |
| イラン | 77 | 13 |
| カタール | 77 | 12 |
| アルメニア | 74 | 13 |
| カザフスタン | 73 | 19 |
| クウェート | 73 | 16 |
| エルサルバドル | 72 | 18 |
| イエメン | 71 | 17 |
| ウクライナ | 69 | 23 |
| リトアニア | 53 | 29 |
| ノルウェー | 52 | 28 |
| ニュージーランド | 50 | 28 |
| オーストラリア | 50 | 29 |
| スウェーデン | 50 | 32 |
| ロシア | 50 | 32 |
| シンガポール | 49 | 33 |
| アメリカ | 47 | 30 |
| スロバキア | 47 | 28 |
| イングランド | 46 | 30 |
| スコットランド | 46 | 28 |
| ハンガリー | 46 | 26 |
| ラトビア | 44 | 30 |
| イタリア | 44 | 40 |
| スロベニア | 43 | 33 |
| チェコ | 40 | 29 |
| ドイツ | 38 | 34 |
| オーストリア | 36 | 30 |
| 日本 | 34 | 36 |
| デンマーク | 33 | 37 |
| 香港 | 33 | 44 |
| オランダ | 27 | 38 |
| 台湾 | 26 | 35 |
| 国際平均値 | 55 | 25 |

と言えよう。たとえて言えば，富士山の頂上をめざすのに，学校時代，むりやり5合目まで登らせようとするよりも，むしろ3，4合目あたりでもよいから子どもの意志とペースを大切にしながら登らせるほうが，将来的には良い結果

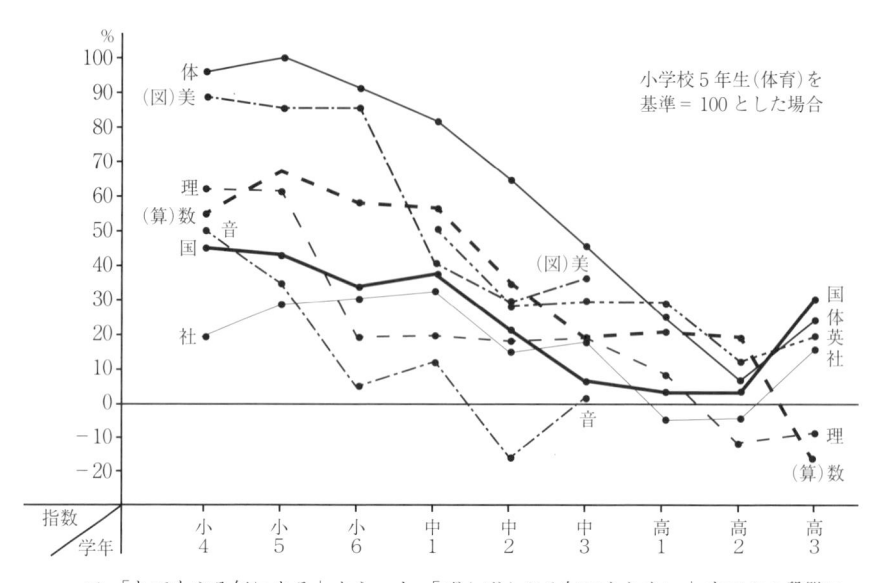

ア.「とてもやる気になる」から、オ.「ぜんぜんやる気になれない」までの5段階に、それぞれ+2, +1, 0, -1, -2の点を与え、合計点を算出した。

**図5-1　各教科の「やる気」における学年間の違い（荻原, 1980）**

が得られると考えられる」(p.9)。こういった観点から現代の児童・生徒の動機づけの状態について考えてみると、彼らの動機づけの状態が決して生涯学習の基礎をなすほどのものとはなっていないといえるのではないだろうか。そのため、児童・生徒の学習成果を高めるという視点だけではなく、「動機づけ」を育てていくという視点も、教育目標として重視される必要があるといえるであろう。

## 2　動機づけと学習とのかかわり

ここまでは日本の児童・生徒の動機づけの低さについて紹介を行ってきたが、動機づけは学習と具体的にどのようにかかわるのであろうか。

まず、動機づけの高さとどれだけ学習にとり組むかの間に関連があることが示されている。たとえば、ダイナーとドゥェック（1978）の研究では、「やればできる」感覚という望ましい動機づけ的特徴をもっていない生徒は、困難な課題に遭遇するとすぐにあきらめて、いい加減なかかわり方をすることがみい

だされている。このように動機づけの高さは学習にどれだけ持続的にとり組むかという学習の量に関係しているといえる。

　一方，動機づけの高さとどのような学習行動を行うかに関連があることも示されている。どのように学習を行うかという学習の仕方を「学習方略」とよぶが，動機づけのスタイルによって用いられる学習方略が異なることが示されている。たとえば，学習が面白いという価値づけや将来に役立つという価値づけ，学習をうまく行うことができるという感覚をもっているという動機づけスタイルが，理解を行うという望ましい学習方略を用いることに関連していると示されている（中西・伊田，2006）。このように動機づけの高さはどのように学習にとり組むかという学習の質に関係しているといえる。

　このように，動機づけは学習の量，質に関連することが示されているが，これらによる総合的な結果ともいえる学習成果にも動機づけがつながるとされている。たとえば，市原（2007）では，学習をうまく行うことができるという感覚をもっていることや課題に価値づけをしているという動機づけスタイルが，定期試験の成績を予測していることをみいだしている。

　以上のように望ましい動機づけ的特徴をもつことは，よりよい学習行動や学習成果にかかわっているといえる。

## 第2節　さまざまな動機づけ

### 1　内的な働きとしての動機づけ

1）　内発的動機づけ実験　　児童・生徒の「やる気」すなわち動機づけを高めようとするときにどのようなことを考えるであろうか。また，皆さん自身の動機づけが高まるときはどのような場合であろうか。このような問いをあげたとき，1つの答えとして「報酬があればよい」ということがあげられるであろう。ここでは，動機づけとは何かについて，「報酬」をとり上げて考えてみたい。

　そこでまず，著名な研究を1つ紹介する。ディシ（Deci, 1971）によるその研究では，大学生に「ソマ」と呼ばれるパズルを行わせた。実験は3つのセッ

**表 5-6** 自由時間におけるパズル実施時間の平均値
(Deci, 1971 について鹿毛, 1995 が作成したものを改変)

| 群 | 第1セッション | 第3セッション | 時間の変化 |
|---|---|---|---|
| 報酬群 | 248.2 | 198.5 | -49.7 |
| 統制群 | 213.9 | 241.8 | 27.9 |

両群とも被験者は12名
単位は秒

ションからなり，第1セッションでは普通にパズルを実施した。続く第2セッションでは，以下の2つの実験条件群が設定された。1つの群では，「ソマ」パズルを行う際に，実験者からパズルが1つできるごとに1ドルの報酬が得られると伝えられた（報酬群）。もう1つの群では，何も教示を受けずにパズルを実施した（統制群）。最後の第3セッションでは，第1セッションと同様に特に教示を受けずにパズルを実施した。そして，それぞれのセッションのなかには，両群ともに8分間の自由時間が設けられた。この自由時間を過ごす場所には先ほどのソマパズルが準備されていたが，ほかにも雑誌などが準備されており，好きなように時間を過ごして良いと伝えられた。ここで，仮にパズルに対する動機づけが高ければ，自由時間にもパズルを行うはずであり，一方でパズルに対する動機づけが低ければ，自由時間にパズルを行わないはずである。すなわち，自由時間の間にどれだけパズルにとり組んだかを測定することで，その時点での動機づけの高さが分かるはずである。

このようにして，報酬を得られると伝えられた場合と何も伝えられなかった場合で動機づけの変化にどのような違いがあるのかが検討された。なお，それぞれの群の大学生によって元々の動機づけの高さが異なる可能性もあると考えられるため，実験条件を導入する前後の第1セッションと第3セッションの自由時間における，パズルにとり組んだ時間の変化が検討されている。その結果を表5-6に示した。意外なことに報酬を与えられると伝えられてからパズルにとり組んだ大学生のパズル実施時間は，そのように伝えられる前の実施時間に比べて減少しているという結果がみられた。また，そのような時間の減少は統制群ではみられなかったものであった。すなわち，報酬が与えられると伝えられ，そこでパズル課題にとり組んだ後は，動機づけが低下しているという現象がみられたということである。

この結果は一見信じられないものかもしれないが，この研究がきっかけとなって同様の研究が多数行われ，そして，最近までに行われた100を超える同様の実験の結果がメタ分析という手法によってまとめられている（Deci, Koestner & Ryan, 1999)。その結果からも，報酬，特に物的な報酬によって動機づけが低減するという結論が得られている。このように報酬を与えられることが伝えられ，それによって課題にとり組むことで動機づけが低減するという現象は幅広くみられるものであり，このような現象は「アンダーマイニング効果」と呼ばれている。

　2）アンダーマイニング効果と動機づけ　さて，このようにアンダーマイニング効果がみられることには2つの意味があると考えられる。1つは報酬によって自動的に動機づけが高められるわけではない，ということである。われわれは，「動機づけ」を高めるとはその行動にいかに報酬を与えるのかということだ，と考えがちかもしれないが，この研究の結果からは，報酬が自動的に動機づけを高めるものではないということが明らかになったといえる。

　ここで心理学における動機づけの定義を確認しておきたい。それは「行動を一定方向に向けて生起させ，持続させる過程や機能の全般を指す（有斐閣心理学辞典CD-ROM版，1999)」というものである。そして，こういった過程や機能のなかで「心の働き」が重要な役割を果たす。すなわち，動機づけが高まるのか，低まるのかを大きく左右するのは，その本人の心の働きであり，外的な報酬や罰などによって自動的に生じるものではないということである。実際に，パズルにとり組むという行動に報酬を与えることで動機づけは低下するという結果がみられたが，これは報酬を与えられることによって，心の働きに何らかの変化が生じたためであると考えられる。このように，動機づけを直接的に左右するものは，外的な報酬や罰ではなく，内的な心の働きであるといえる。なお，このように考えるならば，報酬が自動的に動機づけを低めるというものでもないことには注意をする必要があるといえるであろう。実際に，報酬の質（物的なものか言語的なものか）や与え方によって，動機づけへの影響が変わるという研究も存在する（Deci, 1971; Lepper, Greene & Nisbett, 1973)。

　ところで，今回の研究では，報酬が与えられると伝えられたことが動機づけを低下させたが，こういった結果を導く心の働きとはどのようなものであった

のであろうか。すなわち，アンダーマイニング効果がみられたことがもつもう1つの意味は，報酬を与えられ，課題にとり組むことで動機づけが低下するという心の働きが存在することが明らかになったということであろう。

　このような結果が見られたことについて，ディシ（Deci, 1975）は自らが行動を決定しているという感覚である「自己決定感」が動機づけには重要であると考えた。そして，アンダーマイニング効果がみられたのは，外的な報酬の導入によって自己決定感が阻害されたためであると考えた。もう少し具体的に説明するならば，報酬を与えられる前はパズルが楽しく，自己決定的にパズルを行っていたが，報酬が与えられると伝えられたことによって，報酬のためにがんばろう，と外的な働きかけのために行動していると感じるようになり，自己決定感が感じられなくなったということである。すなわち，報酬が与えられると伝えたことが，自己決定感の低下を導いたということである。

　学習者の動機づけを育てていくためには，自己決定感を育て，また，それらを阻害しないことが重要であると考えられる。そのように考えると，たとえば，報酬（や罰）を使って「勉強させる」ということをしないのはもちろんのこと，教師としてよかれと思っても，学習者がやりたいと思っていないのにある内容を「教え込む」というのは，自己決定感を阻害する可能性があるということを十分に認識しておく必要があるだろう。そして，自己決定感を阻害しないだけではなく，学習者の「自己決定感」を意識し，その感覚を高めるように学習指導を進めていくことも重要であるだろう。その際には，たとえば，自己選択の機会を与えるということや，できそうなことであれば挑戦をさせる，といった工夫が可能である（桜井, 1997）。

## 2　「うまくできる」という感覚と動機づけ

　1）　学習性無力感　　私たちが何かをするとき，やってもできそうにない事柄については，あまりやる気がおきないであろう。では，なぜそのように感じるのか，ここでは考えていきたい。

　ここでもまず，実験を紹介する。セリグマンとマイアー（Seligman & Maier, 1967）は以下のような条件で犬に電気ショックを与えるという実験を行っている（図5-2）。1つめの条件は，犬の前にパネルが設置され，電気ショッ

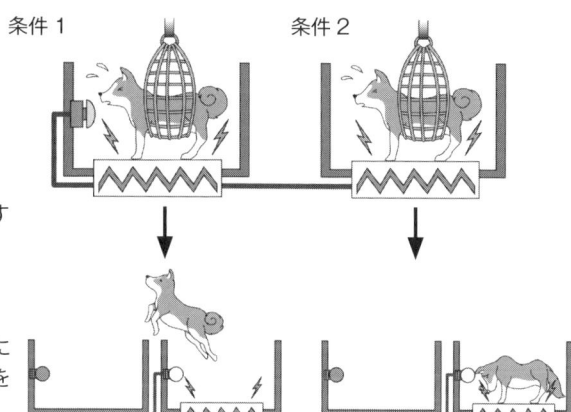

①同時に電気が流れる

②条件1の犬がパネルを押すと，同時に電気が止まる
→この操作を何度か繰り返す

③飛び越えられる高さの壁に入れられ，電気ショックを与えられる

図5-2 セリグマンとマイアー（1967）による実験の流れ

クが与えられた後にそのパネルを犬が押すと電気ショックが止まるというものである。2つめの条件は，別の犬に，先ほどの犬と連動して電気ショックが与えられるが，こちらの犬にはパネルが準備されず，電気ショックが与えられた後どのような行動をしても，その犬自身で電気ショックを止めることはできないというものである。すなわち，この犬にとって電気ショックが止まるのは，見えないところにいる1つめの条件の犬がパネルを押したときである。このような条件でしばらく電気ショックが与えられた後，どちらの条件の犬も跳び越えられる高さの壁がある箱の中に連れて行かれ，電気ショックが与えられる。ここで，もし電気ショックから逃げようという動機づけが高ければ，壁を跳び越えようとするはずである。

　実験の結果，1つめの条件の犬は壁を跳び越えることができたが，2つめの条件の犬はなかなか電気ショックから逃れようとせず，その場でじっとしているという様子すら見せた。2つめの条件の犬は不快な電気ショックから逃れようとすらしないということであったため，何もしようとしない状態である「無力感」を示すようになったといえる。では，なぜこのような結果が生まれたのか。

　最初に繰り返して電気ショックが与えられたとき，1つめの条件の犬と2つめの条件の犬の電気ショックは連動していたため，2匹とも等しい電気ショッ

クを与えられている。そのため，電気ショックを繰り返して受けたから，2つめの条件の犬は跳び越えようとしなかったのだ，という説明は成り立たない。一方で，1つめの条件の犬は自らパネルを押すことによって電気ショックを止めることができたが，2つめの条件の犬は自ら電気ショックを止めることができなかった。すなわち，電気ショックから逃れられる，という結果を，1つめの条件の犬は自らの行動によって導くことができたが，2つめの条件の犬は自らの行動によって導くことができなかったのである。このことから，箱に入れられた際，壁を跳び越えて電気ショックを逃れようとするのかどうかには，自分の行動によって電気ショックを止められると感じられるのかそうでないのかが関係しているようである。

　このように，行動すればそれに伴って結果が得られるという感覚を，行動と結果の随伴性の認知，または，随伴性認知と呼ぶ。2つめの条件の犬は，この随伴性認知を感じられなかったため，箱に入れられた際に壁を跳び越えようという動機づけが生じなかったと考えられる。さて，2つめの条件の犬は，もとから逃げようという動機づけがなかったわけではなく，自らの行動によって電気ショックから逃れられないという経験を繰り返すことによって，電気ショックから逃れようとしない「無力感」を示すようになった。すなわち，2つめの条件の犬が示した無力感は，自らの行動が結果を導かないという経験の繰り返しによって「学習」されたものであると考えられる。そのため，ここでみられた無力感は「学習性無力感」とよばれる。

　この学習性無力感に関する研究から明らかになったことは，動機づけには随伴性認知，すなわち行動に伴って結果が得られるという感覚が重要であるということである。学校教育場面においても，簡単にできると思われる課題ですらとり組もうとしない，いわば「学習性無力感」に陥っていると思われる子どもをみかけることがある。このような子どもを生み出さないためには，随伴性認知を高めていくことが重要であると考えられる。その具体的な方法としては，行動すればそれに伴って結果が得られるような課題を設定することや行動したことに対する評価をきちんと行うことが考えられるであろう。たとえば，あまりにも難易度が高い課題については，行動したことが結果に結びつきにくいため，繰り返して課題にとり組んでも結果が得られず，随伴性認知が得られにく

くなると考えられる。また，行動しなくても結果が得られるという状況，たとえば子どもの行動とは無関係におとなによって成功経験が与えられるような状況においても随伴性認知を得られにくくなる可能性がある（鎌原, 1995）。逆に，行動したことに対して，適切な結果が得られるような課題であれば，随伴性認知を得ることができるであろう。そして，子どもの行動に対して適切な評価を与えることも，行動に伴って結果が得られるという感覚を強めるためには重要であろう。

2）**自己効力感**　行動に伴って結果が得られるという感覚は，自らがうまく成功できるという認知であるといえる。このような認知を心理学では「期待（もしくは予期）」とよぶ。これは，将来のことを期待しているという意味ではなく，将来どれくらいできそうかという「予測」を示すものである。

さて，この期待について，バンデューラ（Bandura, 1977）は詳細な検討を行い，結果期待と効力期待の2つに弁別した。結果期待とは，ある行動をすることが結果につながるという期待で，先ほど扱った随伴性認知はこれに対応すると考えられる。一方，効力期待は行動そのものを行うことができるという期待になる。これら2つの期待を具体例をあげて考えてみると，「毎日3時間英語の勉強をしたら英語がスラスラ話せるだろう」という期待が結果期待であり，「毎日3時間英語の勉強ができるだろう」という期待が効力期待になる。バンデューラは，効力期待の動機づけへの重要性を指摘しており，そして，知覚された効力期待を自己効力感として扱っている。

バンデューラはこのような自己効力感を基礎づける4つの情報源をあげている。それは，自身の行動によって成功経験をするなどの「遂行行動の達成」，同様の行動を行っているモデルを観察するなどの「代理的経験」，他者から言語的に教示をされるなどの「言語的説得」，自分の身体的・生理的反応などの「情動的喚起」である。なかでも，「遂行行動の達成」の影響は大きいと考えられ，成功経験によって自己効力感が高められると考えられている。

このような「遂行行動の達成」は，目標の設定と密接にかかわりがあるといわれている。バンデューラとシャンク（Bandura & Schunk, 1981）の研究では，目標設定の仕方と自己効力感との関連を検討している。具体的には，算数の低学力児に対するプログラムで1日あたりの目標を設定する群（近い目標

群），1週間の目標を設定する群（遠い目標群），目標を設定しない群（目標なし群），プログラムを受けない群（統制群）の4群を設定し，プログラム前後の自己効力感の変化と算数の学力テストの得点を検討している。その結果，自己効力感の高さ・学力テストの得点ともに，近い目標を設定した群でもっとも促進され，遠い目標を設定した群の伸びは目標を設定しなかった群とほとんど変わらなかった。このような結果となったのは，近い目標を設定することで，実際に目標を達成できるという体験を行うことになり，「遂行行動の達成」という情報を多く得ることができたためであると考えられる。

### 3 課題を行う意味

先ほど扱った「期待」に加え，課題を行う意味づけも動機づけの促進には重要であると考えられている。このように課題を行う意味づけを「価値（もしくは課題価値）」とよぶ。

この価値について，エクレス他（Eccles, et al., 1983）は，興味価値，利用価値，獲得価値という3つの価値を掲げ，これらが動機づけへの影響をもつことを述べている。興味価値は「課題がおもしろい」など，課題に対する興味を感じるという価値づけである。獲得価値は「自らのアイデンティティーにとって重要である」など課題が自己の確認をもたらすと考える価値づけである。利用価値は，課題が将来に役立つという価値づけである。

では，このような価値を高めるためにはどうすれば良いのであろうか。興味価値に関しては，稲垣・波多野（1971）による研究が参考になる。そこでは，小学生にサルの紹介をするという授業が行われたが，一方のグループには一般的にサルについてもっている知識と違いがないサルを紹介し，もう一方のグループには「鳥のような声で鳴くサル」「しっぽがないサル」など，一般的にサルに対してもっている知識とズレがあるようなサルを紹介した。その後，それぞれのグループの児童における，題材に対する興味を検討した。その結果，すでにもっている知識とズレがあるサルを紹介された児童の方が，より興味を感じている傾向があることがみいだされた。この結果は，興味価値を高めるための1つの手立てを考えさせてくれるものになる。すなわち，学習者がすでにもっている知識とズレのある題材を提示することが，興味価値の促進につなが

ると考えられる。

　獲得価値・利用価値については，学習している課題が将来にどのように役立つのかを実感させることが重要であると思われる。特に利用価値については，実生活のなかでどのように使えるのかを子どもに「実感」をもって理解させることが重要であると思われる。近年，総合的な学習の時間のなかで実生活に即した学習が行われる機会も増えているが，こういった学習を適切に組み込んでいくことで，こういった価値を高めていくことが期待できる。

　さて，第2節の2では「期待」について扱ったが，ここまで扱ってきている「価値」とあわせて，期待と価値によって動機づけを説明しようとする理論があり，これは期待×価値理論と呼ばれている（アトキンソン，1964; エクレスら，1983）。この期待×価値理論では，期待と価値の掛け合わせによって動機づけが規定されると考えられている。すなわち，期待と価値のどちらかがまったくなければ，動機づけは起きないということである。たとえば，宇宙について強い興味価値をもっていたとしても，宇宙に関する理解を深めていくために必要な物理学をうまく理解できないという期待をもっていれば，宇宙について学んでいく動機づけは高まらないであろう。一方で，たとえば数学は得意でうまくできるという期待を思っていても，数学は面白くないというように価値をもっていなければ，これも動機づけが高まらないことにつながる。このように，動機づけを高めていくには，動機づけにかかわる要因のどれか1つを高めれば良いというわけではなく，様々な要因に幅広く働きかけを行っていく必要があるといえるであろう。

### 表 5-2
TIMSS2007における「算数の勉強は楽しい（中学校2年生）」という項目への回答（IEA）国立教育政策研究所

| 国／地域 | 「強くそう思う」と答えた生徒の割合(%) 2007年 | 「そう思う」と答えた生徒の割合(%) 2007年 |
|---|---|---|
| アルジェリア | 79 | 13 |
| チュニジア | 71 | 17 |
| エジプト | 69 | 21 |
| シリア | 63 | 22 |
| コロンビア | 62 | 27 |
| ボツワナ | 62 | 22 |
| トルコ | 61 | 26 |
| オマーン | 61 | 28 |
| ガーナ | 57 | 30 |
| ヨルダン | 57 | 28 |
| イラン | 52 | 30 |
| エルサルバドル | 51 | 34 |
| レバノン | 50 | 27 |
| バーレーン | 50 | 29 |
| カタール | 46 | 27 |
| パレスチナ | 46 | 28 |
| クウェート | 45 | 30 |
| サウジアラビア | 44 | 30 |
| アルメニア | 44 | 20 |
| インドネシア | 43 | 44 |
| シンガポール | 34 | 41 |
| マレーシア | 33 | 46 |
| グルジア | 29 | 39 |
| タイ | 28 | 53 |
| イスラエル | 26 | 37 |
| ブルガリア | 24 | 35 |
| キプロス | 22 | 31 |
| ノルウェー | 22 | 39 |
| アメリカ | 21 | 39 |
| ルーマニア | 21 | 37 |
| マルタ | 21 | 35 |
| ウクライナ | 19 | 40 |
| ロシア | 18 | 39 |
| リトアニア | 17 | 36 |
| オーストラリア | 16 | 38 |
| イングランド | 16 | 44 |
| イタリア | 16 | 42 |
| 香港 | 16 | 45 |
| スコットランド | 15 | 42 |
| 台湾 | 15 | 30 |
| スウェーデン | 14 | 49 |
| ボスニア・ヘルツェゴビナ | 14 | 24 |
| セルビア | 11 | 21 |
| ハンガリー | 11 | 31 |
| チェコ | 9 | 28 |
| 日本 | 9 | 30 |
| 韓国 | 9 | 30 |
| スロベニア | 5 | 24 |
| モロッコ | 82 | 12 |
| 国際平均値 | 35 | 32 |

表5-3
TIMSS2007における数学を学習する重要性の認識(中学校2年生：IEA)国立教育政策研究所

| 国／地域 | 数学を勉強すると，日常生活に役立つ |
|---|---|
| | 2007年 |
| エルサルバドル | 98 |
| インドネシア | 98 |
| タイ | 97 |
| モロッコ | 97 |
| エジプト | 96 |
| ガーナ | 96 |
| オマーン | 96 |
| ヨルダン | 95 |
| アルジェリア | 95 |
| コロンビア | 94 |
| グルジア | 94 |
| ノルウェー | 94 |
| チュニジア | 94 |
| バーレーン | 93 |
| ボスニア・ヘルツェゴビナ | 93 |
| スコットランド | 93 |
| シリア | 93 |
| ボツワナ | 92 |
| キプロス | 92 |
| パレスチナ | 92 |
| トルコ | 92 |
| オーストラリア | 91 |
| イングランド | 91 |
| ハンガリー | 91 |
| イラン | 91 |
| ルーマニア | 91 |
| スロベニア | 91 |
| ウクライナ | 91 |
| イタリア | 90 |
| リトアニア | 90 |
| セルビア | 90 |
| シンガポール | 90 |
| スウェーデン | 90 |
| クウェート | 89 |
| マレーシア | 89 |
| カタール | 89 |
| サウジアラビア | 89 |
| アルメニア | 88 |
| レバノン | 88 |
| マルタ | 88 |
| ロシア | 88 |
| アメリカ | 88 |
| イスラエル | 87 |
| ブルガリア | 86 |
| チェコ | 86 |
| 香港 | 84 |
| 台湾 | 79 |
| 日本 | 71 |
| 韓国 | 62 |
| 国際平均値 | 90 |

(注) 割合は「強くそう思う」と「そう思う」を足し合わせたもの。

表 5-4 TIMSS2007 における「数学の勉強に対する自信（小学校 4 年生）」という項目への回答（IEA）国立教育政策研究所

| 国／地域 | 高いレベル 児童の割合（％） | 中間レベル 児童の割合（％） | 低いレベル 児童の割合（％） |
|---|---|---|---|
| スウェーデン | 77 | 19 | 5 |
| オーストリア | 70 | 22 | 8 |
| ドイツ | 70 | 21 | 10 |
| デンマーク | 70 | 23 | 7 |
| ノルウェー | 69 | 24 | 7 |
| スロベニア | 68 | 25 | 6 |
| グルジア | 68 | 25 | 7 |
| アメリカ | 67 | 22 | 10 |
| スコットランド | 67 | 24 | 9 |
| オランダ | 66 | 22 | 12 |
| ブルガリア | 66 | 24 | 10 |
| イタリア | 66 | 27 | 7 |
| イラン | 66 | 28 | 7 |
| イングランド | 64 | 26 | 10 |
| オーストラリア | 64 | 26 | 10 |
| ハンガリー | 62 | 27 | 11 |
| カタール | 61 | 33 | 6 |
| スロバキア | 59 | 28 | 12 |
| リトアニア | 57 | 33 | 9 |
| チェコ | 56 | 31 | 12 |
| クウェート | 56 | 39 | 5 |
| ウクライナ | 55 | 34 | 11 |
| ロシア | 54 | 31 | 15 |
| ニュージーランド | 52 | 37 | 11 |
| アルメニア | 52 | 35 | 13 |
| ラトビア | 50 | 36 | 15 |
| コロンビア | 49 | 43 | 7 |
| シンガポール | 46 | 35 | 19 |
| 香港 | 46 | 38 | 16 |
| チュニジア | 46 | 46 | 8 |
| モロッコ | 45 | 46 | 9 |
| 日本 | 45 | 36 | 20 |
| アルジェリア | 41 | 49 | 11 |
| エルサルバドル | 39 | 53 | 8 |
| 台湾 | 36 | 37 | 27 |
| イエメン | 35 | 52 | 13 |
| 国際平均値 | 57 | 32 | 11 |

(注)算数の勉強に対する自信に対して，下記の4つの質問項目について，①強くそう思う，②そう思う，③そう思わない，④まったくそう思わない，から選択させ，以下のようにレベルを設定した。
　　高いレベル：すべての質問項目に対し，①，②（否定的な質問項目では③，④）のみ回答した場合
　　低いレベル：すべての質問項目に対し，③，④（否定的な質問項目では①，②）のみ回答した場合
　　中間レベル：それ以外の場合
　　質問項目 (1) 算数の成績はいつもよい，(2) わたしは，クラスの友だちよりも算数を難しいと感じる，(3) わたしは算数が苦手だ，(4) 算数でならうことはすぐにわかる

表5-5 TIMSS2007における「数学の勉強に対する自信(中学校2年生)」という項目への回答(IEA)国立教育政策研究所

| 国／地域 | 高いレベル 生徒の割合（％） | 中間レベル 生徒の割合（％） | 低いレベル 生徒の割合（％） |
|---|---|---|---|
| イスラエル | 59 | 29 | 12 |
| ヨルダン | 58 | 34 | 9 |
| カタール | 55 | 34 | 11 |
| エジプト | 55 | 38 | 7 |
| クウェート | 54 | 35 | 11 |
| スコットランド | 53 | 33 | 14 |
| アメリカ | 53 | 28 | 19 |
| イングランド | 53 | 32 | 15 |
| バーレーン | 53 | 33 | 15 |
| キプロス | 50 | 30 | 20 |
| ブルガリア | 50 | 31 | 19 |
| スウェーデン | 49 | 35 | 16 |
| レバノン | 49 | 39 | 12 |
| セルビア | 48 | 25 | 27 |
| イタリア | 48 | 28 | 24 |
| シリア | 47 | 40 | 13 |
| サウジアラビア | 47 | 42 | 11 |
| コロンビア | 46 | 40 | 13 |
| アルジェリア | 46 | 41 | 12 |
| オーストラリア | 45 | 35 | 19 |
| イラン | 45 | 40 | 14 |
| オマーン | 45 | 47 | 8 |
| チュニジア | 45 | 34 | 21 |
| グルジア | 44 | 37 | 19 |
| ガーナ | 44 | 46 | 11 |
| パレスチナ | 44 | 44 | 13 |
| チェコ | 43 | 31 | 25 |
| ボツワナ | 42 | 41 | 17 |
| ハンガリー | 42 | 32 | 26 |
| シンガポール | 41 | 34 | 25 |
| ボスニア・ヘルツェゴビナ | 41 | 27 | 32 |
| ロシア | 41 | 31 | 28 |
| リトアニア | 41 | 34 | 25 |
| スロベニア | 40 | 41 | 19 |
| トルコ | 39 | 36 | 24 |
| マルタ | 38 | 35 | 27 |
| ブルガリア | 37 | 38 | 25 |
| アルメニア | 37 | 38 | 26 |
| ウクライナ | 36 | 36 | 28 |
| エルサルバドル | 35 | 52 | 13 |
| オマーン | 33 | 41 | 27 |
| 香港 | 30 | 40 | 30 |
| 韓国 | 29 | 34 | 38 |
| インドネシア | 28 | 58 | 14 |
| マレーシア | 27 | 50 | 23 |
| 台湾 | 27 | 27 | 46 |
| タイ | 22 | 60 | 18 |
| 日本 | 17 | 35 | 48 |
| 国際平均値 | 43 | 37 | 20 |

(注) 数学の勉強に対する自信に対して，下記の4つの質問項目について，①強くそう思う，②そう思う，③そう思わない，④まったくそう思わない，から選択させ，以下のようにレベルを設定した。
　高いレベル：すべての質問項目に対し，①，②（否定的な質問項目では③，④）のみ回答した場合
　低いレベル：すべての質問項目に対し，③，④（否定的な質問項目では①，②）のみ回答した場合
　中間レベル：それ以外の場合
　質問項目 (1) 数学の成績はいつもよい，(2) わたしは，クラスの友だちよりも数学を難しいと感じる，(3) わたしは数学が苦手だ，(4) 数学でならうことはすぐにわかる

## 文献

新井邦二郎　1995　教室の動機づけの新しい流れ　新井邦二郎（編著）　教室の動機づけの理論と実践　金子書房　7-18

Atkinson, J. W. 1964 An introduction to motivation. Princeton, New Jersey: Van Nostrand.

Bandura, A. 1977 Self-efficacy: Toward a unifying theory of behavioral change. Psychological Review, 84, 191-215.

Bandura, A. & Schunk, D. H. 1981 Cultivating competence, self-efficacy and interest through proximal self-motivation. Journal of personality and social psychology, 41, 586-598.

Deci, E. L. 1971 Effects of externally mediated rewards on intrinsic motivation. Journal of Personality and Social Psychology, 18, 105-115.

Deci, E. L. 1975 Intrinsic Motivation. New York: Plenum Press.（デシ, E. L.　安藤延男・石田梅男（訳）内発的動機づけ　誠信書房）

Deci, E. L., Koestner, R., & Ryan, R. 1999　A meta-analytic review of experiments examining the effects of extrinsic rewards on intrinsic motivation. Psychological Bulletin, 125, 627-668.

Diener, C. I. & Dweck, C. S. 1978　An analysis of learned helplessness: Continuous changes in performance, strategy, and achievement cognitions following failure. Journal of Personality and Social Psychology, 39, 940-952.

Dweck, C. S. 1975 The role of expectations and attributions in the alleviation of learned helplessness. Journal of Personality and Social Psychology, 31, 674-685.

Eccles (Parsons), J., Adler, T. F., Futterman, R., Goff, S. B., Kaczala, C. M., Meece, J. L. & Midgley, C. 1983 Expectancies, values and academic behaviors. In J. Spence (Ed.), Achievement and Achievement Motive. San Francisco, W.H. Freeman 75-146.

市原学　2007　数学・国語学習における期待――価値モデルの検討　福岡教育大学心理教育相談研究 11, 65-72.

IEA(International Association for the Evaluation of Educational Achievement) 2007 TIMSS2007　国際比較結果の概要（国立教育政策研究所）http://www.nier.go.jp/timss/2007/gaiyou2007.pdf

稲垣佳世子・波多野誼余夫　1971　事例の新奇性にもとづく認知的動機づけの効果　教育心理学研究　19, 1-12.

鹿毛雅治　1995　第6章：内発的動機づけ　宮本美沙子・奈須正裕（編著）　達成動機の理論と展開：続・達成動機の心理学　金子書房　133-159

鎌原雅彦　1995　第4章：随伴性認知　宮本美沙子・奈須正裕（編著）　達成動機の理論と展開：続・達成動機の心理学　金子書房　89-114.

Lepper, M. R., Greene, D. & Nisbett, R. E. 1973 Undermining children's intrinsic interest with extrinsic rewards: A test of the "overjustification" hypothesis. Journal of Personality and Social Psychology, 28, 129–137.

中西良文・伊田勝憲　2006　総合的動機づけ診断に関する探索的研究　三重大学教育学部

研究紀要（教育科学） 57，93-100.
荻原武雄 1980 学習意欲の傾向とその要因 児童心理，34 729-734.
桜井茂男 1997 学習意欲の心理学――自ら学ぶ子どもを育てる 誠信書房
Seligman, M. E. P. & Maier, S. F. 1967 Failure to escape traumatic shock. Journal of Experimental Psychology, 74, 1-9
Weiner, B., Friege, I., Kukla, A., Reed, L., Rest, S., & Rosenbaum, R. M. 1971 Perceiving the causes of success and failure. In E. E. Jones et al (Eds), Attribution: Perceiving the causes of behavior. Morristown, N. J. ; General Learning Press, 95-120.
有斐閣 心理学辞典 CD-ROM 版 1999 有斐閣

## コラム 5

# 失敗の原因を考えることと
# 動機づけとの関係

　何かしらの試験を受けて，残念ながら不合格であったとき，「なぜ不合格になったのか」と，その原因を考えることはよくあるだろう。その際，仮に「自分には能力がないから不合格だったのだ」と考えた場合，次の試験に対する動機づけは高まるであろうか。一方で「自分の努力が足りなかったから不合格だったのだ」と考えた場合は，次の試験への動機づけはどのようになるであろうか。おそらく，「能力がないから不合格だった」と考えるよりも，「努力が足りなかったから不合格だった」と考える方が，次の試験に対する動機づけが高くなるのではないだろうか。この例からも，成功や失敗の原因を考えることと，動機づけとの間には関連があるように思われる。

　ある出来事の原因を考えることを原因帰属と呼ぶが，ワイナーら(Weiner, B., et al., 1971)は，この原因帰属が動機づけに影響するというモデルを作っている。ここで原因が帰された要因を帰属因と呼ぶが（たとえば，失敗の原因が能力不足によるものだと考えた場合，帰属因は「能力」となる），ワイナーの理論では，この帰属因の特徴を，原因の位置（内的―外的）・安定性（安定的―不安定的）の2つの次元から捉えて，動機づけとの関係を検討している（表5-7参照）。

　1番目の原因の位置とは，ある原因が個人の内なる要因によるものか（内的），個人の外に存在するものか（外的）を区別する次元であり，自尊心と関連する次元であると考えられている。たとえば，失敗を内的な「能力」に帰属すると自尊心が低下するが，外的な「課題の困難さ」に帰属すると自尊心はそれほど影響を受けないとされている。

　2番目の安定性とはその原因が変化しにくいものか（安定的），それと

表 5-7　原因の位置・安定性の次元から捉えた帰属因の分類
（Weiner et. al., 1971）

|  | 内的 | 外的 |
|---|---|---|
| 安定 | 能力 | 課題の困難度 |
| 不安定 | 努力 | 運 |

も変化しやすいものか（不安定的）を区別する次元であり，将来の期待に関連している。すなわち，安定的な要因に帰属すると今回の結果が次も続くと考えられ，不安定的な要因に帰属すると今回の結果が次につながるわけではないと考えられる。たとえば，失敗を安定的な「能力」に帰属すると次も失敗が続くと考えられ，一方で，不安定的な「努力」に帰属すると次も失敗するとは限らないと考えることにつながる。

　このように2つの次元がそれぞれ動機づけに関連する要因と関わっていると考えられている（ちなみに，課題を通して自尊心が左右されることを課題への「価値」だと捉えると，安定性が「期待」に関わる要因であるため，この理論が期待×価値理論の枠組みに沿っているといえる）。そして，失敗を能力帰属するよりも努力帰属する方が次の動機づけにつながりやすいのは，特に「安定性」の側面において，次も失敗することが期待されるのか，それとも，次も失敗するとは限らないと感じるのかの違いによるものである。そして，失敗を能力に帰属しがちな学習者にとっては，それにかわって努力に帰属をさせるのが望ましいといえる。

　このような失敗の努力帰属の重要性を示した研究として，ドウェック（Dweck, C. S., 1975）の研究がある。この研究では，算数において，失敗の能力帰属の傾向が強く，無力感（132ページを参照）傾向を示す子ども

に対する治療プログラムが行われている。そこでは，一方の子どものグループにはひたすら成功を経験させ，もう一方のグループには数回に一度失敗をさせ，その際に失敗は努力不足によるものだ（失敗の努力帰属）と教示をしている。その結果，成功が続いたグループでは，プログラム終了後の課題において失敗を経験すると，大幅に成績が低下した。一方，失敗の努力帰属を受けた子どもは，成績が低下することはなかった。すなわち，失敗経験後も動機づけが保たれていたことが示された。このように，無力感傾向を示しているような児童生徒，すなわち，失敗の原因を能力に帰属するような児童生徒については，その原因帰属の仕方を変えることが動機づけ改善にとって重要な手立てとなるといえよう。

# 第3部　学級・学校での具体的問題

# 第6章　教育と学習の具体像：小学校から高校まで

### 第1節　学級内での学習の特徴

　小学校から高等学校までの期間，我が国においては，同年齢の児童・生徒からなる学級を1つの単位として教育が行われることが多い。教科担任制をとる中学校や高等学校とは異なり，小学校においては学級担任制が基本である。そのため，学級内での学習について考える場合，その特徴は小学校において最も顕著にみられる。そこで，小学校における学習を中心に考える。

#### 1　学級という集団の特徴
　学校生活の大半を児童は学級で過ごすことから，学級は学習の場というだけでなく，生活の場でもあり，昼食（給食）やそうじなども基本的には学級を単位として行われることが多い。淵上（2005）は，学級集団の特徴を3つにまとめている。
　(1) 基本的に1年周期で成立・解散を繰り返し，さらに，この1年という期間が，1学期・2学期などというように分割されるという時間的な特徴をもっている。
　(2) 1人の大人である教師と多数の子どもたちから成り立っている。
　(3) その目標が，集団そのものではなく，最終的には個々人の向上に向けられている。

## 2　教師と児童生徒の相互に影響しあう学級

　多くの学級では，1人の教師が多数の児童・生徒の教育に携わる。教師は，どの子どもに対しても分け隔てなく接することが求められる。ところで，学級の子どもたちに対する教師の期待は，子どもたちの学習にどれほど影響を与えるのだろうか。ローゼンソールとジェイコブソン（Rosenthal & Jacobson, 1968）は，『教室のピグマリオン』という本のなかで次のような実験を紹介している。

　近い将来，急速に知的な能力が伸びる子どもをみつけることができるというテストを，アメリカのある学校に通う幼稚園の年長組から小学5年生を対象に5月に実施した。実際に用いたテストは，言語や推理にかかわる能力を測定する単なる知能テストである。そして，同じ年の9月に新学年がはじまったところで，それぞれのクラスで20％にあたる児童を，先に行った調査の結果とはまったく無関係に選び，児童の名簿をつくった。そして，「この子たちは，5月に行ったテストの結果，知的な能力が急速に伸びる子どもです」と，新しく担任になった教師に話した。こうした操作の結果，名簿に載っていた児童を，成績が伸びる児童だという期待を教師はもつことになる。それから8カ月後，これらの児童を対象に知能検査を実施したところ，「知的な能力が伸びる子」といわれた児童は，その他の児童に比べて知能検査の結果（IQ得点）は大きく伸びた。教師の期待が児童の能力を高めたことを示すこの現象は，ギリシャ神話に登場するピグマリオンの話になぞらえ，ピグマリオン効果と呼ばれた。なお，ローゼンソールとジェイコブソンの実験で，知能が大きく伸びたのは2年生以下の児童だけである。

　教師の期待が子どもの学業成績に影響を与える可能性があるとするなら，それは，どのような過程で生じるのだろうか。ブロフィとグッド（Brophy & Good, 1970）は，低い期待をもつ児童に比べて高い期待をもつ児童に対して，正しい答えを述べたときに，教師が賞賛を与える割合が高いことや，誤った答えを述べたときには，高い期待をもつ児童に対する叱責がより少ないことを示した。教師の期待は児童に対する行動となって表れ，教師の行動が，児童の学業成績に影響を与えるという過程を経て，ピグマリオン効果が表れたと考えられる。

ところで，ディオン（Dion, 1972）は，大きないたずらをした場合，かわいくないと評定された子どもの方が，かわいいと評定された子どもに比べて，素質的により反社会的な性格であるとみなされやすく，同じようないたずらを繰り返す可能性が高いともみなされやすいことを明らかにした。この結果から，子どもに対する教師の期待は，子どもの容姿をはじめとした外見に影響される可能性がある。こうした影響を受けていること自体，教師にあまり意識されることはない。そのため，教師の側では子どもたちに対して分け隔て無く接しているつもりであっても，子どもに対する現実の接し方には，教師が意識していないところで違いが生じている可能性もある。

## 第2節　集団活動と個人の意識の関係

### 1　学級集団と個人

自宅の勉強部屋で，1人で学習することと，教室で多くの同級生のなかで，学習することにはどのようなちがいがあるのだろうか。学級内で小集団をつくり，小集団を活動の単位として理科の実験を行ったり，総合的な学習の時間に調べ学習を行ったりした結果，小集団間に競争意識が芽生えたり，小集団内での仲間意識が強まったりする。シェリフら（Sherif, 1961）は，サマーキャンプを利用した現場実験を行い，集団間の葛藤と共同についての研究を行った。シェリフらが行った現場実験は，次のようなものであった。

お互いにみず知らずの11・12歳の少年たちは，集合場所で2つの集団に分けられ，別々のバスに乗って現場実験が行われるキャンプ場に向かった。2つの集団はそれぞれ異なった小屋に入り，分離された環境で別々に集団活動を行った。集団活動を行うなかで，それぞれの集団のなかに，リーダーが表れ，集団内で協力して活動するようになった。「ラットラーズ」「イーグルス」といった名前をそれぞれの集団がつけたり，集団のシンボルとしての旗を掲げたりした。こうして，当初はみず知らずであった子どもたちが，「ラットラーズ」と「イーグルス」という2つの集団を形成した。

次の段階として，この2つの集団を競争させるゲームを行った。はじめはス

ポーツマン精神を発揮していた子どもたちだが，2つの集団の関係は次第に対立的なものになっていった。ゲームの1つとして「綱引き」が行われ，負けた「イーグルス」の子どもたちは，その夜，「ラットラーズ」の旗を燃やした。翌朝，自分たちの旗を燃やされた「ラットラーズ」の子どもたちは報復に出て，2つの集団の子どもたちの間で殴り合いやののしり合いがはじまり，相手の小屋に対する攻撃も行われるようになった。さらに，「イーグルス」のなかでは，それまで攻撃的ではない子どもが集団をまとめてきた。しかし，このリーダーが抗争場面では役に立たないということで体力的に優れた子どもがリーダーにとって代わった。また，「ラットラーズ」のなかでは，集団のメンバーから乱暴者と，それまではみなされ，集団内での地位が低かった子どもが集団の仲間から称賛を受けるようになった。

　最後の段階として，2つの対立した集団が友好的に協力し合えるような活動を行った。具体的には2つの集団の子どもたちを1つにして花火大会を行ったり，夕食会を行ったりした。しかし，2つの集団の子どもたちは，相手集団の子どもたちと一緒に活動することを拒んだ。夕食会はつつきあいや悪口の言い合いの場となり，紙くずや食べ物を投げる子どもも現れた。これらの活動は，2つの集団間の敵意を表明するだけの場でしかなかった。

　そこで，2つの集団の子どもたちが一緒に行わないと解決できないような課題を出した。具体的には，キャンプ場に水を供給している水道管の破損している場所を一緒に捜したり，自分たちの食料を運んでいるトラックが動かなくなってしまったので，力を合わせてトラックを動かしたりするなどといった活動を行った。

　こうした活動を行った後，2つの集団に所属する子どもたちの間にあった敵対的な感情は友好的なものへと変わった。同じバスに乗って帰りたいということばが出たり，帰りの道中，一方の集団が試合に勝って得た賞金の一部を使って，自発的にもう1つの集団の子どもたちに飲み物を買い与えたりするといった行動がみられ，さらに，相手集団の子どもたちに対する好意度も大きく上昇した。

　学級内で小集団を編成し，学習活動を行う場合にも，シェリフらが行った野外実験にみられたような現象が起きる可能性がある。

ところで，シェリフらの現場実験では，実験に参加した子どもたち1人ひとりの行動に，まわりの子どもが影響を与えていることが分かる。そうした影響の1つとして「同調」という現象がある。キースラーら（Kiesler et al., 1969）は，「同調とは現実のあるいは想像上の集団圧力の結果として行動や信念が集団へ向かう変化である」としている。コスタンゾーとショー（Costanzo & Shaw, 1966）は，年齢によって「同調」がどのように変化するのかを小学生から高校生を対象にして調査した。その結果，男女ともに，仲間集団に対する同調傾向は，11〜13歳が最も高いことを示した。11〜13歳は，小学校高学年から中学1年生に相当する年齢である。この年齢の子どもたちに対する学習指導を考える場合，仲間集団の影響を強く受けやすい年代であることに留意する必要がある。また，小集団同士による競争的な活動を行う場合，教師が意図した範囲を超え，小集団を構成している子どもたちの凝集性を高めたり，集団間に敵対的な感情が生起したりすることもある。授業場面での活動の影響はその場面だけに留まるものではなく，場合によっては子どもたちの人間関係に影響を与え，その影響が後の学習活動にも影響を及ぼす可能性がある。こうしたことから，授業のなかで行う学習活動の1つひとつが相互に影響し合うことを前提に，個々の授業に対する活動の有効性を考えるだけではなく，学級内における子どもたちの人間関係にまで配慮して，学習活動の方法を選択することが教師には求められよう。

## 第3節　学級での学習の方法

### 1　学級内でのグループ活動の意義と特徴

　小中学校の授業の多くは講義形式の一斉授業が大半であるが，理科や社会の授業では，半数以上の教師が一斉授業と併用する形で，グループ学習を取り入れている（梶田ら，1980）。その理由は，実験機材や教材の都合上といった消極的な理由もあるが，学習への参加度を高めたり，討論によって思考を深めたりといった学習面での向上や，仲間意識の形成や社会性の育成といった社会面での成長を挙げることも多い。

本来，グループ活動は，「学習者で構成された小集団によって行われる，協同を志向した学習活動および学習形態（出口，2003）」のことであり，学習者の学習への意欲を高めたり，討論によって思考力や表現力を高めたりといった学習面の向上だけでなく，人間関係や仲間意識の育成や向社会的行動の育成といった社会性の育成を同時に目指した学習法である。実際，一斉授業や個別授業とグループ学習の効果を比較した研究によれば，グループ学習は，一斉授業や個別学習にくらべて学習意欲や学習成績，思考力や表現力が高く，また社会面では，学級内の人間関係の改善や協同的な態度の育成に効果的であることが報告されている。しかしその一方で，学力の高い子どもや自己主張の強い子どもなど，一部の子どもが学習を主導し，それ以外の子どもは意見を言えなかったり，考えなかったりといったように，学習への取り組みにかたよりが生じることも問題点として指摘されている。グループ学習を効果的に実施するには，グループの課題や構成に留意するだけでなく，個々の学習活動を促進しそれを他のグループへと広げられるような仕組みや工夫が不可欠である。

　ジョンソンらは，効果的なグループ活動が成立するための基本的な条件として，以下の5つにまとめている。

(1) 促進的相互依存関係を作ること。これは，自分が学習することが他の成員のためになり，また他の成員が学習することが自分のためになるような関係のことである。このような関係を成立させるには，協同して学習せざるを得ない課題（協同学習を促進する課題）を設定すること，集団としての目標を設定し評価すること，個々の成員に役割を与えることなどが有効である。

(2) 対面的な相互作用が交わせること。活発な相互作用が行えるように，グループは6人程度を上限として特性の異なる児童生徒で構成する。また学級内の他の成員とも交流できるように，相互作用がうまくできるようになって一定期間が経過したらグループ替えを行う。

(3) 個人としての責任を持たせること。グループ内の相互作用に偏りが生じたり，他人まかせにならないように，すべての成員に役割を持たせたり，発表者をランダムに決定したり，相互に評価し合わせるなどの工夫を行う。

(4) 対人スキルや小集団の運営スキルをもたせること。話す姿勢や聴く姿勢，

説明の仕方や意見の言い方など，教師は児童生徒の相互作用を観察し，望ましい行動が生じたらその都度，評価し強化する。またその行動を他の児童生徒にも伝えて，どのような行動が望ましいかを認識させる。
(5) 集団の改善手続きを組み込むこと。授業後，自らのグループ活動を振り返り，どのような行動や活動が望ましく，効果的であったのかを話し合わせ，次のグループ活動に活かせる機会を確保する。

## 2 グループ学習の諸形態

1) バズ学習　　バズ学習は，個別での学習を行った上で，学級を小グループに分けてグループで討議させ，その後，学級全体で討議するという学習法である。グループ学習での様子が，蜂の騒ぎ（英語で buzz という）に似ていることからそう呼ばれている。

バズ学習にはさまざまな形態があるが，典型的な授業の進め方は，個人が学習に取り組む個別学習と，そこでの意見や考えをグループ内で交換，議論するというグループ学習を組み合わせて実施する。具体的な授業の流れは，次のとおりである（塩田, 1989）。

①課題の提示：目標や課題の提示，説明，教示を提示して学習課題を把握させる。
②個別学習：各課題についてそれぞれが各自で取り組む。
③小集団学習：4～6人程度のグループに分かれて，情報交換や討論をする。
④全体学習：グループでの情報交換や討論を踏まえて，学級全体で情報交換や討論をする。
⑤まとめ学習：教師が補足・修正とまとめを行う。
⑥確認の学習：教師のまとめを各自やグループ単位で再確認させる。

杉江（1999）は，バズ学習の利点として，①少人数で学習できるため，他者の評価を気にすることなく自由に発言できること，②司会，記録，発表，連絡など，何らかの役割を担えること，③相互作用が多く児童生徒同士の人間関係を緊密にできること，④理解の遅い児童生徒は仲間から細かい援助が受けられ

るし，理解の進んだ児童生徒は他者に教えることで自らの学習内容を整理できること，などをあげている。

2) **ジクソー学習**　ジクソー学習は，児童生徒をジクソーパズルのピースにたとえ，それらを組み合わせることによってグループ全体としての学習が成立するように仕組まれたグループ学習法である。典型的な授業は，次のような手順で進められる（蘭，1983）。

①一斉授業で学習への導入を行った後，クラスを5～6人程度のグループ（ジクソー・グループ）に分ける。
②学習内容をいくつかの課題に分割し，それぞれの課題の担当者をグループの中から1人ずつ決定する。
③同じ課題を担当する者同士が集まって，その課題を協同で学習する（カウンター・グループ）。
④各課題の担当者は元のグループに戻って，自分が学習したことを他のメンバーに発表し，説明する。

この学習法の利点として，蘭（1983）は，①自分が学習したことを相互に教え合うグループ（ジクソー・グループ）と，同じ課題を協同で学習するグループ（カウンター・グループ）が交差するように設定されているため，児童生徒間の対立や競争関係を軽減し，学級全体に協同的な関係を普及させやすいこと，②カウンター・グループでは同じ課題を協同して学習し，ジクソー・グループでは相互に発表し説明し合うというように，異なるグループ学習を体験できるとともに，すべての人が学習者の役割と発表，説明者の役割の双方を担えること，③各課題を学習した人はジクソー・グループには1人しかいないため，1人ひとりの責任は重く，すべての人が学習に対して積極的に参加すること，などをあげている。

## 第4節　教師の働きかけ

河村（1999）は，教師の働きかけと学級の状態との関連をもとにして学級崩

壊のプロセスについて検討している。そのなかで，教師の働きかけについて教師のリーダーシップおよび，教師の勢力資源という要因から検討していることからも分かるように，リーダーシップや勢力という要因は，子どもたちに対する教師の働きかけを考えるうえで重要である。

### 1　教師のリーダーシップ

カートライトとザンダー（Cartwright & Zander, 1968）は，リーダーシップを，「集団がその望ましい結果を達成するよう援助する行為」としている。そして，「リーダーシップは，集団目標の設定，目標への集団移行，成員間の相互作用の質の改善，集団凝集性の向上，集団資源の利用などを援助するために，集団成員によってなされる活動から構成されている」と述べている。リーダーシップを構成する活動は多様である。また，学校・企業・スポーツチームなど，集団の種類により，リーダーシップを構成する活動は異なる。三隅（1984）は，さまざまな集団におけるリーダーシップを構成する活動を分類し，その背景にある因子を統計的な手法を用いて検討した結果をもとに，リーダーシップを「特定の集団成員が集団の課題解決ないし目標達成機能と，集団過程維持機能に関して，他の集団成員達よりも，これらの集団機能により著しい何らかの継続的な，かつ積極的影響を与えるその集団成員の役割行動である」とした。そして，リーダーシップPM（類型）論をつくりあげた。PM理論は，リーダーシップ行動を大きく2つに分類する。1つはリーダーシップP（performance）行動と呼ばれ，集団における目標達成や課題解決に関するもので

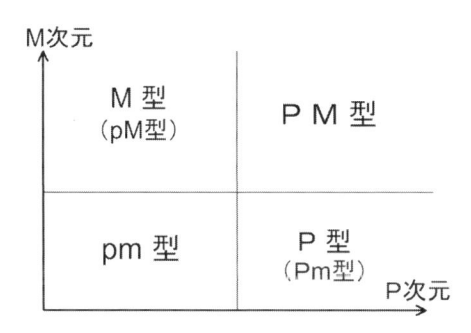

図6-1　リーダーシップPM理論による4類型

ある。もう1つは，リーダーシップM（maintenance）行動と呼ばれ，集団の維持に関するものである。P行動とM行動をどれほど行ったのかにより，リーダーシップ行動を4つに類型化する（図6-1）。

教師のリーダーシップを測定する項目としては，P行動に関する10項目と，M行動に関する10項目がある（三隅，1984）。

〈P行動に関する10項目〉
①あなたの先生は，勉強道具などの忘れ物をしたとき，注意されますか。
②あなたの先生は，名札，ハンカチなど細かいことを注意されますか。
③あなたの先生は，決まりを守ることについてきびしく言われますか。
④あなたの先生は，家庭学習（宿題）をきちんとするようにきびしく言われますか。
⑤あなたの先生は，物を大切に使うように言われますか。
⑥あなたの先生は，あなた達の机の中の整理や靴の整とん，帽子のおき方などを注意されますか。
⑦あなたの先生は，わからないことを人にたずねたり，自分で調べたりするように言われますか。
⑧あなたの先生は，学級のみんなが仲よくするように言われますか。
⑨あなたの先生は，忘れ物をしないように注意されますか。
⑩あなたの先生は，自分の考えをはっきり言うように言われますか。

〈M行動に関する10項目〉
①あなたの先生は，みんなと遊んでくれますか。
②あなたの先生は，「えこひいき」しないで，みんなを同じように扱われますか。
③あなたの先生は，勉強がよくわかるように説明されますか。
④あなたの先生は，なにか困ったことがあるとき相談にのってくださいますか。
⑤あなたの先生は，学習中，机の間をまわって1人ひとりに教えてくださいますか。
⑥あなたの先生は，あなたが話したいことを聞いてくださいますか。
⑦あなたの先生は，勉強の仕方がよくわかるように教えてくださいますか。
⑧あなたの先生は，あなたがまちがったことをしたとき，すぐ叱らないでなぜしたかを聞いてくださいますか。
⑨あなたの先生は，あなたの気持ちをわかってくださいますか。
⑩あなたの先生は，みんなと同じ気持ちになって，何でもいっしょに考えてくださ

いますか。

これらの項目による調査をそれぞれの学級に所属する児童に対して行い，その結果をもとにして担任教師をPM型，M型，P型，pm型に分類した。同時に，児童に対して，「あなたの学級は，楽しい雰囲気ですか」などという項目で学級連帯性を測定し，「学校を休みたくなることがありますか」などという項目で学校不満を測定し，「あなたは，もっと努力して勉強しようと思うことがありますか」などという項目で学習意欲を測定し，「あなたの学級は，みんなできめた学級のめあてを守りますか」などという項目で規律遵守を測定した。そして，PM型と評定された教師の学級に所属する子どもたちの平均値を，学級連帯性をはじめとした4つの指標についてそれぞれ求めた。同様にM型，P型，pm型についても，4つの指標の平均値を求めた。教師のリーダーシップ類型別に求めた平均値を比較した結果，学級連帯性・学習意欲・規律遵守の得点はPM型に分類された担任教師の学級がもっとも高く，学校不満の得点はPM型担任教師の学級がもっとも低かった。逆にpm型に分類された担任教師の学級は，学級連帯性・学習意欲・規律遵守の得点がもっとも低く，学校不満の得点はP型に分類された担任教師の学級がもっとも高かった。こうした結果が得られたことから，P行動とM行動の両方を積極的に発揮している教師の学級では，児童の学習態度も良好であり，学級としての一体感や，決まりを守ろうとする意識も高い。

## 2 教師の具体的な働きかけ

小学校，中学校，高等学校と学校生活を送るなかで，誰しも教師に叱られたり，ほめられたりした経験があろう。教師にとって，叱ることやほめることは，教育活動の一部であるが，叱り方を間違えたり，過剰な称賛を与えたりすることが，子どもに悪影響を与えることもある。

1) **子どもに賞を与える**　教師からみて子どもが望ましい行動をした場合，その行動を称賛したり，子どもを讃えるカードやシールを渡したりする光景を多くの学級でみることができる。しかし，賞の与え方によっては子どもに悪影響を与えることもある。

レッパーら（Lepper, et al., 1973）が行った「過度の正当化（Over justification)」についての実験は，示唆に富んだものである。保育園の園児にマジックで絵を描かせる。事前調査で，多くの園児がこの活動に関心をもつことを確かめた後，園児の一部に対しては，絵を描く前に立派な賞を与えることを約束し，その他の園児の一部には，こうした約束をすることなく，絵を描いた後に同様の賞を与え，さらに一部の園児には，絵を描かせただけで何も賞を与えなかった。こうした3条件に園児を割り当て，絵を描かせて1～2週間後，自由な場面で園児がどれほど絵を描いて遊ぶのかを調べた。その結果，絵を描く前に賞をもらうことを約束されて絵を描いた園児が，他の条件の園児に比べて，自由な場面で絵を描いて遊ぶことが少なかった。この結果について，絵を描く前に賞がもらえることが約束されていた園児は，楽しいから絵を描くのではなく，賞をもらうために絵を描いたのだという認知をもってしまったため，賞が与えられない自由な場面では絵を描くことが少なくなってしまったと考えられる。

　この実験結果は，子どもが自発的に行っていることや興味をもって行っていることに対して，大きな賞を与えることは，自発性や興味を損なわせる可能性もあることを示唆している。

　2) 子どもを叱る　　先に示した教師のPMリーダーシップを測定する尺度の項目のなかにも，三島・宇野（2004）の教師に対する児童の認知を測定する項目のなかにも，「叱る」ということばが登場する。「叱る」という行為は，学校教育の中で頻繁にみられる行為であるにもかかわらず，十分な研究はなされていない。

　西山（2003）は，高校生と高校教師，保護者を対象に，「叱らない教師は，教師の役目を果たしていないと思いますか」という質問を行った。その結果，高校生に比べ保護者や教師は，叱らない教師は，教師の役目を果たしていないという認識を強くもっていることが明らかになった（図6-2）。

　さらに，西山（2003）は，小学校から高校の教師約250名を対象に，「叱ることがどれぐらい得意か」を尋ねた。その結果，「上手」と答えた教師よりも，「下手」と答えた教師の割合が高いことが示された。これらの結果をもとに西山（2003）は，叱ることの必要性を多くの教師が感じているものの，叱ることが得意ではないと感じている教師も多いと述べている。

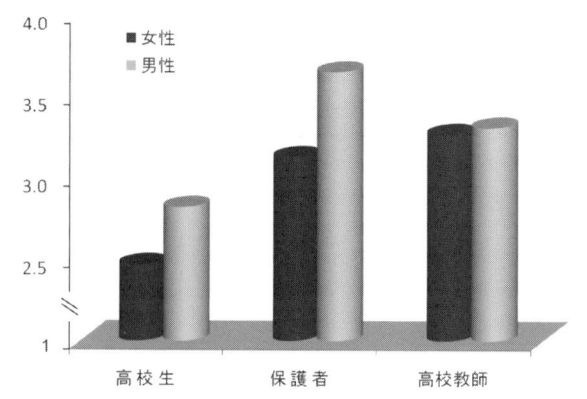

図6-2 叱らない教師は，役目を果たしていない
(「『叱る』生活指導」（上地・西山，2003) p.29 の資料をもとに著者が作成)

　教師という立場で子どもと接するとき，叱ることを避けては通れない。しかし，不適切な叱り方をすれば，叱られた子ども本人から教師に対する不信感を招くばかりでなく，学級内の他の子どもや，場合によっては保護者からの信頼を失う可能性もある。しかし，学習指導や生徒指導などを行うなかで，教師としてみすごすことができない事態に直面した場合，叱ることをしなかったために，問題が拡大したり，教師の指導や学校内のルールに関する一貫性が損なわれたりすることもある。教師が子どもを叱る際，配慮すべき点として，上地・西山（2003）は，次の6点をあげている。
　①叱る子どもへの関心と愛情が伴っているか。②叱る根拠が明確か。③確固たる教育理念にもとづいて叱っているか。④言動を叱って，人を叱らないように心がけているか。⑤叱る以上にほめているか。⑥カウンセリング・マインドに徹して叱っているか。
　教師の感情的な高ぶりだけで，子どもを叱ることは許されない。かといって，子どもを叱るべき場面では，叱ることを避けてはならない。教師の働きかけの中でも，叱るという行為はもっとも難しい行為の1つである。

## 文献

蘭千壽　1983　児童の学業成績および学習態度に及ぼす Jigsaw 学習方式の効果　教育心理学研究　31, 102-11.

Brophy, J. E. & Good, T.L. 1970 Teachers' communication of differential expectations for children's classroom performance. Journal of Educational Psychology, 61, 365-374.

Cartwright, D. & Zander, A. (eds.) 1960 Group dynamics: Research and theory. 2nd ed. Harper & Row.（カートライト，D.・ザンダー，A.　三隅二不二・佐々木薫訳（編）1970　グループ・ダイナミックス　第2版　誠信書房）

Costanzo, P. R. & Shaw, M. E. 1966 Conformity as a function of age level. Child Development, 37, 967-975.

出口拓彦　2003　「グループ学習に対する教師の指導」に関する研究の動向と展望　名古屋大学大学院教育発達科学研究科紀要（心理発達科学）　50, 175-183.

Dion, K. K. 1972 Physical attractiveness and evaluation of children's transgressions. Journal of Personality and Social Psychology, 24, 207-213.

淵上克義　2005　学校組織の心理学　日本文化科学社

古畑和孝　1983　よりよい学級をめざして──学級心理学の基本問題　学芸図書

原岡一馬　1970　態度変容の社会心理学　金子書房

Janis, I. L. 1972 Victims of groupthink: A psychological study of foreign-policy decisions and fiascoes. Boston: Houghton-Mifflin.

Johnson, D.W., Johnson, R. T. & Holubec. E. J. (Eds.) 1990 Circles of Learning: Cooperation in the Classroom (3rd ed.) Interaction Book Company.（ジョンソン，D. W.・ジョンソン，R. T.・ホルベック，E. J.　杉江修治・伊藤康児・石田裕久・伊藤康児・伊藤篤（訳）1998　学習の輪──アメリカの協同学習入門　二瓶社）

梶田正巳・塩田勢津子・石田裕久・杉江修治　1980　小・中学校における指導の調査的研究 I ──グループによる学習指導の実態　名古屋大学教育学部紀要（教育心理学科）27, 147-182.

狩野素朗・田﨑敏昭　1990　学級集団理解の社会心理学　ナカニシヤ出版

河村茂雄　1999　学級崩壊のプロセス──教師の指導行動・態度と学級の状態との関係　日本教育心理学会第41回総会発表論文集　527.

Kiesler, C. A. & Kiesler, S. B. 1969 Conformity. Addison-Wesley Publishing Company.（キースラー，C. A.・キースラー，S. B.　早川昌範（訳）1978　同調行動の心理学　誠信書房）

小出俊雄　1996　第3章「教師の学級づくり」　蘭千壽・古城和敬（編）　教師と教育集団の心理　誠信書房

Lepper, M. R., Greene, D. & Nisbett, R. E. 1973 Undermining children's intrinsic interest with extrinsic rewards: A test of the "over justification" hypothesis. Journal of Personality and Social Psychology, 28, 129-137.

三島美砂・宇野宏幸　2004　学級雰囲気に及ぼす教師の影響力　教育心理学研究, 52, 414-425.

三隅二不二　1984　リーダーシップ行動の科学（改訂版）　有斐閣

西山和孝　2003　高等学校生徒指導における「叱る」ことに関する研究――の機能と意味　兵庫教育大学大学院修士論文
Rosenthal, R. & Jacobson, L. 1968 Pygmalion in the classroom: Teacher expectation and pupils' intellectual development. New York: Holt, Rinehart and Winston.
Sherif, M., Harvey, O. J., White, B. J., Hood, W. R. & Sherif, C. W. 1961 Intergroup conflict and cooperation: The robbers cave experiment. Institute of Group Relations, University of Oklahoma.
塩田芳久　1989　授業活性化の「バズ学習」入門　明治図書
杉江修治　1999　バズ学習の研究――協同原理に基づく学習指導の理論と実際　風間書房
上地安昭・西山和孝　2003　「叱る」生徒指導――カウンセリングを活かす　学事出版

## コラム6

# 好かれる教師・嫌われる教師

　小学校高学年の児童に「どんな先生が好き？」「どんな先生が嫌い？」と尋ねてみた。好きな先生としてあげられたのは，一緒に遊んでくれる先生。おもしろい先生。宿題を出さない先生。さらには，女子児童から「かっこいい先生」という声まであがった。反対に，えこひいきをする先生，すぐに怒る（切れる）先生，何を言っているのかよく分からない話が下手な先生が，嫌いな先生としてあげられた。

　これは，ある小学校高学年児童の話であり，どの程度一般性があるのかは疑問である。さらに，同じ小学生でも低学年児童に尋ねた場合や，中学生・高校生に尋ねた場合には，同じような答えが返ってくるかどうかはわからない。

　教師に限らず，人から嫌われるよりも好かれる方が良いと考えている人は多い。児童・生徒から教師が好かれているかどうかは，4月の始業式の際などに行われる担任発表の場面で分かる。好きな教師が担任になると，拍手をしたり歓声を上げたりする児童・生徒がみられる一方，嫌いな先生が担任になると，落胆の声が出たりブーイングが起きたりする。児童・生徒から好かれているかどうかは，担任紹介の場面だけでなく，日々の学級経営にも影響する。

　学級内の多くの児童・生徒から好意をもたれている教師は，嫌われている教師に比べて，授業中などに行う話が児童・生徒に聞き入れられやすく授業がより円滑に進む。また，嫌いな教師に対しては反抗的な態度を示す児童・生徒も少なくないことから，学級内の多くの児童・生徒から教師が嫌われるようなことになれば，学級が機能不全に陥り崩壊してしまうこともある。

こうしたことから，児童・生徒から好かれる教師になるように努力することは，大切なことのように思われる。しかし，教師の仕事は，児童・生徒の思考力をはじめとした多様な能力や社会性を高め，豊かな心をはぐくむことである。こうした目的を達成するために学習指導や学級経営を行ううえで，児童・生徒から好意をもたれることは大切だが，それは，学習指導や学級経営を円滑に行うための手段であり，児童・生徒に好かれることや嫌われないことが目的になってはならない。

　児童・生徒の学力を向上させるために，宿題を出すことが必要だと教師が考えたが，宿題を出せば児童・生徒から嫌われる可能性があるので宿題を出すことを躊躇するようなことがあってはならない。また，携帯電話を校内へ持ち込むことが禁止されている学校の教室内で，生徒が携帯電話を持っているのをみつけた場合，携帯電話を取り上げて指導を加えることにより，その生徒を不機嫌にさせ，生徒から嫌われることを恐れ，携帯電話の持ち込みを黙認するようなことは教師として許されない。

　近年，教師のうつやバーンアウトの問題は深刻さを増している。保護者との関係や校内活動の多忙さなどに疲弊し，こうした状態に陥る教師も少なくないが，児童・生徒との関係がうまくいかず，それを苦にして心身を疲弊させる教師もいる。そうした教師の中には，児童・生徒とのかかわり方や指導法に問題がある教師もいる。しかし，学級内の大多数の児童・生徒とうまくかかわり，学習指導も熱心で，指導法には問題がないにもかかわらず，学級内の数名の児童・生徒から快く思われていないために，そうした数名の児童・生徒へのかかわり方に悩み，心を疲弊させる教師もいる。

　こうした教師の場合，人から嫌われることが苦手で，自分がかかわるすべての児童・生徒から一定以上の評価を得たいという思いをもっているために，学級内のほんの一部であるにしろ，自分のことを快く思わない児童・生徒がいることが常に気になる。そのため，そうした児童・生徒から好かれるようなことば掛けを行うなどして積極的な働きかけを行う。教師

のことを快く思っていない児童・生徒にしてみれば，このような働きかけを教師から受けることは煩わしいことである。そのため，こうした児童・生徒は教師をますます嫌いになる。自分に好意を寄せてほしいという思いを否定された教師のなかには，これほど一生懸命に自分がやっていることがなぜ理解されないのかと，感情的になったり，必要以上に無関心を装ったりするなどして，自分のことを快く思っていない児童・生徒との関係を悪化させるといった悪循環に陥る者もいる。

　先に述べたように，学習指導や学級経営を円滑に進めるために，児童・生徒から好かれることは大切である。しかし，ある教師が好きだという児童・生徒ばかりが集まって学級をつくっているのではないのだから，学級の中には，担任が好きになれない児童・生徒がいても不思議はない。学級の多くの児童・生徒から好かれることは大切なことであるが，嫌われることへの耐性をもつことも，これから教師になろうとする者には大切かもしれない。

# 第7章　学級・学校での学習の支援

## 第1節　発達障害のある子どもへの学習支援

### 1　特別支援教育の理念と基本的な考え

1)　特別支援教育とは　　特別支援教育とは，従来の特殊教育の対象者の障害だけでなく，LD（学習障害），ADHD（注意欠陥多動性障害），高機能自閉症を含めて障害のある児童生徒の自立や社会参加に向けて，その1人ひとりの教育的ニーズを把握して，その持てる力を高め，生活や学習上の困難を改善または克服するために，適切な教育や指導を通じて必要な支援を行うものである。

すなわち，これまでの特殊教育の対象の障害に，国の調査による6%ほどいることが示唆されるLD・ADHD・高機能自閉症等の「知的障害のない発達障害」を加えたことと，これまでのように「障害の種類や程度」に特に注目するだけではなく，1人ひとりの児童生徒の「教育的ニーズ」に注目しようとすること，この2点が特に大切である。

このような特別支援教育の理念と基本的な考えを理解し，特別支援教育への転換を果たし，より質の高い特別支援教育を推進するための原動力が，関係者の「意識改革」である。

特別支援教育では，障害の種類と程度の視点ではなく，児童生徒1人ひとりの学習面や行動面でのつまずきの「気づき」と「教育学的・心理学的な実態把握」，それに「迅速で適切な対応」といった視点が基本になる。そのうえで，児童生徒によって医学的な診断があれば，より適切な対応が可能になる。

2)　従来の特殊教育の対象者　　知的障害，肢体不自由，視覚障害，聴覚障

害，病弱，それに，情緒障害，言語障害は，既に従来の特殊教育の対象者であった。

なお，それぞれの障害の特性や就学の基準等については，文部科学省が作成している就学指導資料に記載されている。

3) これまでの特殊教育との違い　特別支援教育とこれまでの特殊教育との基本的な違いは以下の5点である。

(a)「基本的な考え」が異なる：LD・ADHD・高機能自閉症等を含めたことと，1人ひとりの教育的ニーズに応えること
(b)「仕組み」が異なる：教師1人の尽力に頼るのではなく，学校としてシステムを構築し対応すること。
(c)「方法」が異なる：PDCAサイクルによって対応すること。とりあえず始めてみて，しかし，着実に確実によりよいものへと弛まなく高めていくこと。
(d)「アプローチ」が異なる：学校内では校内委員会，地域では連携協議会というように，さまざまな立場や専門性のある者がチームを構成して対応すること。
(e)「有効性の範囲」が異なる：障害のある児童生徒だけに有効なものではなく，障害のあるなしにかかわらずすべての児童生徒にも資するものであること。したがって，たとえば，わが国の現在の最重要の教育課題である「確かな学力の向上」と「豊かな心の育成」に資することが期待されること。

## 2　特別支援教育の対象者

1)　特別支援教育の対象者の範囲　特別支援教育の対象者には，学習障害（LD），注意欠陥多動性障害（ADHD），高機能自閉症，アスペルガー症候群といった「知的障害のない発達障害」と，従来の特殊教育の対象者である，知的障害，肢体不自由，視覚障害，聴覚障害，病弱，それに，自閉症，情緒障害，言語障害が含まれる。これらは，学校教育法などに記載され，法的位置づけが明確なものである。

しかし，たとえば，「知的障害のない発達障害」は，その原因がまだ明確で

はなく，その診断基準の仕組みから，明確な診断はなされないものの，いくつかの同様の特徴を示す場合もあり，教育的対応も類似する部分が多い。このことから，学校における教育の実際においては，診断があるなしにかかわらず，その児童生徒等に学習面や行動面などで困難を示しているのであれば，適切な対応が必要である。これは，まさに，「障害の種類と程度」に特に注目してきた特殊教育とは異なり，特別支援教育が，「1人ひとりの教育的ニーズ」を把握し適切に対応していくゆえんである。

なお，それぞれの障害の特性や就学の基準等については，文部科学省が作成している就学指導資料に記載されている。

2) LD（学習障害），ADHD（注意欠陥多動性障害），高機能自閉症の教育的定義

**LD（学習障害）**：学習障害（Learning Disabilities）の教育的定義は，「学習障害とは，基本的には全般的な知的発達に遅れはないが，聞く，話す，読む，書く，計算する又は推論する能力のうち特定のものの習得と使用に著しい困難を示すさまざまな状態を示すものである。学習障害は，その原因として，中枢神経系に何らかの機能障害があると推定されるが，視覚障害，聴覚障害，知的障害，情緒障害などの障害や，環境的な要因が直接的な原因となるものではない」とされている（文部科学省）。これらのことから臨床場面では，知的には問題がないが，著しい学力の偏りや年齢に不相応な不器用さがみられることが特徴となる。なお，学習障害（Learning Disorders）は，アメリカ精神医学会によるDSM-Ⅳ（精神疾患の診断・統計マニュアル・第4版）で，医学診断の基準が示されている。そこでは，特に，読み，書き，算数が扱われている。この他，WHOによるICD-10も活用されている。

**ADHD（注意欠陥多動性障害）**：ADHD（Attention-Deficit/Hyperactivity Disorder）は，「不注意」「多動性」「衝動性」に関する不適応な症状が7歳以前からみられ，社会生活や学校生活の大きな妨げとなっており，知的障害や自閉症などが認められないことが医学診断の基準となる。診断には，アメリカ精神医学会によるDSM-Ⅳや，WHOによるICD-10が活用されている。これらのことは，臨床場面では，好きなことには集中できるがそれ以外のことには極端に無頓着である（不注意），静かにすべき場面であっても発言が多くある，あるいは極端に落ち着きがない（多動性），順番が待てず興味のあることにす

ぐに反応する（衝動性）などの症状がみられることが特徴である。

**広汎性発達障害（自閉症，アスペルガー症候群など）**：広汎性発達障害（Pervasive Developmental Disorders）の中心となる特徴は，他者との対人関係構築の不器用さ，ことばや表情などを活用したコミュニケーションのぎこちなさ，行動や興味関心が限定的であることがあげられる。なお，知的障害を伴わない自閉症（Autism）を高機能自閉症（High-functional Autism）と呼ぶことがある。また，高機能自閉症と同じ特徴があり，ことばと知的発達に遅れがないものをアスペルガー症候群（Asperger Syndrome）として区別する。臨床場面では，自閉症や高機能自閉症，アスペルガー症候群を明確に区別することは難しく，同じような実態の子どもであっても診断時の発達段階等によって診断名が異なることは珍しくない，とも言われている。医学的な診断には，アメリカ精神医学会によるDSM-ⅣやWHOによるICD-10が活用されている。

### 3 発達障害のある子どもへの支援の実際

1) 指導・支援の観点　発達障害のある子どもを指導・支援する際，学習面の支援と行動面の支援という2つの観点から指導方針を立てるとよい。学習面，行動面のなかには，さらにいくつかの指導・支援におけるポイントがある。近年，発達障害のある子どもへの指導・支援に関する研究が進められ，より効果的な実践が数多く報告されるようになった。これらの多くは通級指導教室などの特別な場での実践が中心であったが，通常学級における指導方法の研究も急速に進められている。これら指導・支援の内容については，それぞれのポイントをとり上げても，専門書が書ける程度の分量となってしまう。ここでは，これらのエッセンスのみを紹介していく。

2) 学習面の支援の実際

（a）聞く・話す・読む・書く

聞く・話す・読む・書くことは，人とのコミュニケーションや学習を円滑に行うための重要な能力である。発達障害のある子どもには，指示を正しく聞くこと，相手にわかるように話すこと，文章を読んで理解すること，文字を正しく書くことに困難さのある子どもがいる。

聞く力や読む力には，1つの文字から文章までをどのように聞きとれている

か，あるいは見えているかが指導・支援のポイントとなる。また，話す力は正しく発音すること，頭の中で文章を構成し伝える力をつけることが指導・支援のポイントとなる。書く力には，ひらがなや漢字などの構成を覚え，筆記用具を正しく扱えること，話す力と同様に書くべきことを頭の中で構成する力をつけることが指導・支援のポイントとなる。このような指導は，訓練的な要素が強く，通常学級で一斉に行うよりも通級指導教室などの特別な場で実施される方が望ましい。特別な場でつけた力を通常学級で活用できることを目標に，子ども達1人ひとりの実態に即して指導・支援したい。

　通常学級においては，集中して話が聞けるよう教室の環境を整えたり，口頭のみの指示をなるべく少なくし，板書等で視覚的に情報を提示したりすることで学習に対する負荷を減らしていきたい。また，スピーチや作文などの活動では，頭の中で自分の考えを言語化するよい練習となる。発達障害のある子どもは自分の考えを言葉にできなかったり，話に一貫性を持たせることが苦手だったりする。初めはメモ程度の文章から始め，徐々に長い内容で自分の考えを言語化することができるよう段階を経て指導したい。

　(b) 計算する・推論する

　「3」という文字は，●が3つ（●●●）ある状態であり，音では「さん」と表現する。このような数と具体物の関係性を理解すること，数と量の概念を理解することが困難な子どもがいる。また，文章題を読んで適切な計算式を考えることが苦手な子どもがいる。このような子どもは物事を順序立てて考えることに対しても苦手さを示すことがある。このような子どもには，おはじきなどの具体物を使いながら，数と量の概念を教えていく。このとき，声を出しながら数えることで音と数の関係性も理解させたい。具体物を使うことの利点は，「8」と「13」など2つの数字の大小や，「5」のまとまりが2つあると「10」になる，4つあると「20」になることなどの理解を，視覚的に手助けできることにある。数の大きい数字の四則演算などは，計算の手順表を作ったり，マス目のあるノートに筆算をかき補助線や矢印などを書き加えたりすることで，順番にそっててていねいに計算することで答えが導き出せることを実感させたい。発達障害のある子どもには文章題が苦手な子どもが珍しくない。文章題をできるだけ絵や図に変換するなど，子どもにとって題意に対する具体的なイメージが

もちやすいよう支援したい。文章題の指導については，先述の読む力の向上を目指した支援とも関係性が深い。

(c) 感覚・運動面（不器用）

発達障害のある子どもは，日常生活で極端な不器用さを示すことも珍しくない。具体的には，同じ姿勢を保つことの苦手さ，指先の不器用さ，体操などの体全体を使った運動の苦手さなどがみられる。これらは正しい姿勢で座ることが困難であったり，黒板をノートにきちんと写せなかったりするなど学習面にも支障をきたす要因となっている。このような子どもには，指示された体の部位に触れる，後ろから教師に触れられた体の部位を当てるなど，身体感覚の向上をめざした指導，片足立ちやトランポリンなどを使ったバランス感覚の向上をめざした指導，音楽に合わせた体操や教師の動きと同じ動作をするなど，音や人に合わせて体を動かす練習などが有効である。また，ランニングなどの基礎体力の向上やダンベル体操など筋力の向上を目指した指導もシンプルなようで，自分の体に対するイメージをもたせることのできる有効な指導である。ビーズを糸に通す課題などは，目でよく見て手先を使うよい訓練となる。

(d) 学習面の支援まとめ

学習面の支援は，視覚や聴覚，判断，推理，言語理解，言語表出などにアプローチする支援方法である。これらは専門的な知識や経験が求められる。しかし，通常学級内であっても適切な配慮を行うことで，効果的な支援となることも少なくない。子ども1人ひとりのつまずきに気づき，ていねいな指導にとり組む姿勢こそが学習面の支援の基本となることを忘れてはならない。

3) 行動面の支援の実際

(a) 不注意，多動性，衝動性

授業中に教師の話に集中できないがゆえに質問に答えられなかったり，指示を聞きもらしたりしている子どもがいる。このような子どもに対しては，教室内での集中できる環境作りが大切なポイントとなる。そのポイントとは，①黒板を含めた教室前方を整頓し目移りしそうな刺激物を減らす，②教室の前方など子どもが集中しやすい座席を配慮する，③正しい姿勢で座るよう常日頃から指導する，④授業にメリハリをつけ展開をわかりやすくする，⑤指示したことや授業の展開を視覚的な情報で指示するなどである。また，不注意ゆえの忘れ

物の多さや手順どおりに課題をこなすことが難しい子どもには，チェックリストのついたメモの使い方を教えることも有効な支援となる。

気がついた物事にすぐに反応してしまうなど衝動性のある子どもに対しては，先述のように周囲の環境を整えることや正しい姿勢を保持するよう指導することは有効である。また，自分の順番が待てなかったり，相手の話を遮って話してしまったりするなどの行動に対しては，自分の行動が相手にどのような思いを与えているか，他の人が同じような行動をしたらどのように感じるかを客観的に知らせ，そのような際の望ましい行動についてロールプレイすることなどをとおし教えていくことが有効である。

(b) コミュニケーション

コミュニケーションの重要なポイントである「聞く」「話す」は後述の「学習面の支援の実際」にて述べることにする。ここではコミュニケーションでの課題があるゆえに，他の人とうまくかかわることができないという問題への指導・支援について考えていきたい。発達障害のある子どもは，初めてあった人に「太ってるね」など，思いつくままに失礼な発言をしてしまうことがある。また，電車の話など，相手の気持ちを考えず自分の興味・関心のある内容を延々と話してしまうことがある。このような子どもに対しては，人と話す時のルールを箇条書きにして，してはいけない言動，してもよい言動を明確に教えていきたい。その際，姿勢や態度，目線などについても具体的に教え，日常の生活のなかで繰り返し練習することが大切である。してはいけない言動については，すべてを禁止するのではなく，対象の人に聞こえないように教師や保護者に小声で「太ってるね」と伝えるなど，他者を不快にしない配慮を教えることも指導の過程ではとり入れたい。重要なのは，なぜそのことばを相手に発してはいけないのかを理解することにある。また，人の話を聞く練習，自分の意見を言う練習，人の意見を聞いて自分の意見を聞く練習など，他者とうまく会話ができることを目指した指導もとり入れたい。

(c) こだわりなどが原因の問題行動

気になったことを何度も質問する，同じやり方をしないと気が済まないなどの行動は，その子どものこだわりが要因となっている。また，パニックを起こす，教室から飛び出すなども学級運営にとって大きな課題となる。このような

行動に対しては、その内容や頻度、環境（時間、場所、人）をていねいに記録しながらその主たる要因を探っていきたい。ある程度、要因をみたてることができれば、それを少しでも回避するよう支援したい。たとえば「プールはある？」と何度も聞いてくる子どもには、そのことに対する不安などが要因となっていることが考えられる。着替えが恥ずかしかったり、水が怖かったりするのであれば、着替えの場所を工夫したり、浅い場所で水に慣れるよう配慮したりして、不安を減らしたい。

(d) 行動面の支援まとめ

行動面の支援では、子どもが見通しをもって活動できるよう教室内の環境を整えること（構造化）、課題となる行動をよく観察しその要因をつかむこと（行動分析）がポイントである。そして、不適応となる行動を少しでも減らし、望ましい行動が増えるよう、その子どもができる方法で具体的に教えていきたい。対象となる子どもが、自分の行動を客観的に理解するとともに、自分とまわりの人との関係を知り、相手の気持ちに立った行動ができるようになることをめざし、学校生活全般をとおして継続的に指導・支援を行っていくことが大切である。

## 第2節　学級でのいじめとネットいじめ

### 1　いじめの定義と国内の現状

いじめは、国内では特に児童生徒の人間関係にまつわる問題として広く知られるところである。類似した問題は、海外でも取り上げられており、英語のbullyingで説明される現象が、日本のいじめに概ね相当するとされる。

いじめの定義は、文献によってさまざまである。ラインズは、過去の文献に示されたbullyingの定義を調べ、社会でみられる攻撃性の特殊なケースといった表現にとどまるものから、顕在的あるいは潜在的な攻撃行動を網羅的に記述するようなものまでがあることを確認している（Lines, 2008）。

国内では、たとえば文部科学省が2007（平成19）年度に、いじめを「当該児童生徒が、一定の人間関係のある者から、心理的、物理的な攻撃を受けたこ

とにより，精神的な苦痛を感じているもの」と定義している。この定義に基づいて，文部科学省は2007（平成19）年度「児童生徒の問題行動等生徒指導上の諸問題に関する調査」を通じて，いじめが学校側で認知された件数（認知件数）は，小学校，中学校，高等学校，特別支援学校をあわせて10万1127件であったと報告している。調査対象が4万38校であったため，単純計算すると1校あたりおよそ2.5件のいじめが認知されたことになる。その一方で，いじめを認知した学校数は1万8759校で，これは全学校の46.9％にとどまる。

　文部科学省以外で国内で大規模に実施されたいじめの実態調査に，森田・滝・秦・星野・若井（1999）によるものがある。この調査では，小学校5年生から中学校3年生までの6906名の有効回答がまとめられ，1996（平成8）年度2学期の間のいじめ被害経験者は13.9％，加害経験者は17.0％であったことを示している。被害加害経験の中身は多様だと思われるが，学校で認知される件数以上に，しかもどの学級でもいじめが起こりうるという実態を表している。また同調査では，性別，校種を問わず，いじめの加害者のおよそ50％程度は，被害者にとって「よく遊ぶ友だち」であることを確認している。さらに，いじめられた際の行動として，男子で40.1％，女子で58.7％が「気にしないふり」をする一方で，教師や友だちに助けを求めたり，親に打ち明けたりする児童生徒は相対的に少数であることを確認している。いじめの問題は，周囲の者からの認知がされにくく，被害者にとって深刻な結果を招きやすい構造にあることがわかる。

### 2　いじめが被害者にもたらす影響といじめの要因

　これまで，いじめの現状を理解するための研究において，とりわけ注目されてきたテーマは，「いじめが被害者にもたらす影響」と「いじめの要因」である。

　1）　いじめが被害者にもたらす影響　　いじめが被害者にもたらす影響は，対人関係のストレッサー（ストレスの原因）によるストレス反応として理解できる。ストレス反応は，心理的，身体的，行動的なものに大別できる。たとえば，心理的反応とされるものは，抑うつ，不安，恐怖感，身体的反応は，頭痛，不眠，そして行動的反応は，不適応行動と総称されるものや，回避行動としての

不登校，もっとも深刻である自殺があげられる。被害者のストレス反応は，大きな苦痛を伴ういじめを経験するほど長期化するという調査結果がある（坂西，1995）。いじめ被害後に心的外傷後ストレス障害（PTSD, Post-traumatic Stress Disorder）と診断されることもあり，被害者への影響はあまりに大きい。

2）いじめの要因　　いじめの要因として指摘されてきたものは，実に多様である。しかし一方で，実験や縦断的な調査研究が難しいテーマでもあることから，特定の要因を実証的に導くことには至っていないのが現状である。仮に加害行動が生じる要因だけに注目しても，その説明は難しく，複雑であると言われる（Lines, 2008）。また内藤（2007）によれば，いじめの原因として指摘されてきた現象についての種々の説明には，相互に矛盾したものが混在している。たとえば，家族の人間関係の希薄さが原因だという指摘に対して，子どもが過剰な愛情を受けていることが原因だという指摘もあるといったようにである。

いじめの要因を実証的に特定でき，その要因を根絶するような手立てが可能ならば，いじめの発生を防ぐことも期待できるだろう。それゆえいじめの要因を究明することは，重要な学術的課題であることはたしかである。しかし，おそらく現実的には，根絶可能な特定の要因を見出すことは困難であろう。

また，既に生じているいじめにおいては，昨日までのいじめの関係性が，今日のいじめを生じさせる要因になっているともみなすことができる。それゆえ，現前で生じてしまったいじめ問題の解決に，いじめが発生する原因の究明に関する先行知見や，当該事例が発生したことへの原因探しにこだわり過ぎると，対応に行き詰り，具体的な介入が遅れがちになるので注意が必要である。

## 3　いじめの予防と対応

以上を踏まえると，学級のいじめ問題に立ち向かう場合，いじめがいつどこにでも起こりうる現象だという前提に立ち，日頃より予防を心がけ，いじめが認知されたら複雑な要因を探るよりも，被害者を含めた学級のより良い変化を求めて，まず具体的な介入を行う姿勢が現実的である。こうした姿勢に立ち，いじめの予防と対応に向けて，学級で実践されてきた具体的な方法をまとめてみたい。

1）いじめの予防　　学級で可能ないじめの予防的介入には，大きく2つの

方向性があるとまとめられる。1つは，学級内の雰囲気を良好にするという，児童生徒の情緒面への介入である。学級の児童生徒が，良好な雰囲気を形成しあうのを支える代表的な介入方法として，「構成的グループエンカウンター」があげられる。これは予防的・開発的カウンセリングとして知られており，「ふれあい」（本音と本音の交流）と「自他発見」（自他の固有性・独自性・かけがえのなさの発見）をもたらすさまざまなエクササイズが開発されている（國分・國分，2004）。中学校を対象とした構成的グループエンカウンターの短期集中型プログラムを通じて，学級雰囲気の向上が確認されている（中井，1998）。また，「肯定的メッセージ法」と言われる技法も，学級の良好な雰囲気に寄与する手立てとして挙げられる。これは，教師から児童生徒に対して，あるいは児童生徒たち同士で，能力があり，優れており，個性的な存在であると肯定する情報を伝え合うという取り組みである。小学校6年生を対象とした実践では，学級雰囲気の向上が確認されている（市川・榊原・榊原・藤岡，1995）。

学級内でのいじめの予防として，もう1つの方向性としてあげられるものは，学級規範の適切な習得やスキルの育成をねらいとした，児童生徒の認知・行動面への介入である。学級規範の指導に関しては，新学期の段階から，いじめは許されないという意識を育む，適切な学級経営が求められる。また，スキルへの介入については，「ソーシャルスキル教育」（佐藤・相川，2005）と総称される取り組みが知られている。対人関係に関する事例を通じてよい見本や悪い見本を示して学習させるモデリング，仮想場面での対人相互作用を実演させるロール・プレイ，あるいは，適切にほめるというオペラント条件づけの応用による，さまざまな教育実践の方法が開発されている。

ただこうした予防的介入において，教師側に十分な知識や配慮のないままに実践することは，学級内の関係をかえって悪くすることにもなりかねない。教師がそれぞれの介入方法の特徴を十分に理解し，学級の現状に応じて計画的に行う姿勢が問われるといってよい。

2) 生起したいじめへの対応　　いじめの被害者においては，先述のとおり心的外傷後ストレス障害のようなかたちで，長期的な苦痛を抱えることも懸念される。そのため，何よりも被害者のケアが急務である。たとえばいじめの被

害経験者は，人から信頼される体験をしたり，いじめられた経験への見方を前向きに変えたり，いじめの経験について身近な人に語ったり他者の体験談を聞いたりすることにより，否定的影響が軽減される可能性がある（香取，1999）。また森田ら（1999）の調査によれば，生起したいじめを，教師がなくそうと対応していたと被害者が認める事例において，60％程度の介入効果が確認されており，特にいじめられる頻度が低くて短期間のものほどその効果は大きい。

　ただ，被害者のケアに留まることは，根本的な解決につながらない。いじめの多くは，学級内のさまざまな人間関係のなかで展開されているからである。たとえば森田（1994）が指摘する「いじめ集団の四層構造」のとおり，いじめが生起する学級には被害者と加害者のみならず，いじめを見て楽しむ「観衆」，見て見ぬ振りをする「傍観者」が存在し，学級内のいじめを維持させていると考えられる。さらには，1人ひとりの児童生徒は，家庭をはじめとした学級外のさまざまな人間関係の中で生活を送っている。したがって，一度生起したいじめに対して徹底した対応をするのであれば，いじめの被害者はもちろんのこと，加害者ならびに学級全体への介入，さらには家庭などの協力を得た取り組みも求められる。ノルウェーのオルヴェウスらが開発した「いじめ防止プログラム」（Olweus & Limber, 2007）は，いじめ被害者，加害者の個人に留まらず，学級全体，学校に所属する教員，親，さらには地域社会をも対象として，予防も含めた危機介入のプログラムとして知られている。国内においては，「チーム援助」（石隈・山口・田村，2005）と呼ばれるアプローチが知られる。これは，学級内のさまざまな混乱に対して，学校内の教員のみならず，保護者や医療機関，相談機関など，さまざまな人々が協力して問題に取り組む方法の総称であり，いじめ問題への対応にも期待することができる。

## 4　ネットいじめの国内の現状

　内閣府による2007（平成19）年12月の「第5回情報化社会と青少年に関する意識調査報告書」によれば，携帯電話を使用する小・中学生の85％以上，パソコンを使用する小・中学生の75％以上が，インターネットを利用している。こうした社会的背景に伴い，児童生徒のいじめは，インターネットを介しても見られるようになり，海外でもインターネットが普及した場所では大きな

問題となっている。いわゆる「ネットいじめ」（英語では cyber bullying）である。

　ネットいじめは，e メールによる悪意ある情報の個人への送付や，「プロフ」や「学校裏サイト」というウェブページへの書き込みにより行われる。「プロフ」は「プロフィール」の略で，自分の趣味などを示して自己紹介し，第三者からの書き込みを受け取るウェブページを指す。「学校裏サイト」とは，各学校の在学生や卒業生が非公式に開設した，匿名掲示板なるウェブページの総称である。

　「プロフ」や「学校裏サイト」に関して言えば，その存在自体が不健全なものとは言えない。しかしそこでの書き込みは，あまりにも思慮がないかたちで行われているのも事実である。たとえば文部科学省が 2008（平成 20）年 4 月に公表した「青少年が利用する学校非公式サイト（匿名掲示板）等に関する調査について（概要）」によれば，「学校裏サイト」とされる約 2000 件のうち，「キモい」「ウザい」等の誹謗中傷に関する語を含むものが 50% であった。こうした誹謗中傷が，具体的な人物をターゲットにしたネットいじめの被害者を生むことになっている。さらに悪質な場合，特定人物の個人情報や卑猥な写真などをウェブページに掲載するなどの振る舞いも見られる。こうなると，被害者が単にインターネットから遠ざかったり，該当するウェブページの削除依頼をしたりするだけで問題は解消できない。時として，情報は世界中で複製され，加害者は被害者に，大きな心の傷を負わせることにもなるのである。

## 5　ネットいじめの予防と対応

　もし教師が児童生徒のネットいじめを知った場合，基本的な対応は，被害者へのケアや，加害者への指導を含めて，一般的ないじめへの対応に準じることになる。それに加えて，ウェブページを介したネットいじめの場合は，当該ページの削除依頼の対応も必要となる。さらに，ネットいじめには，一般的ないじめとは異なる深刻な問題の性質を持つことに留意すべきである。ネットいじめは，インターネットという世界を介して生起する。そのため，身近な教師や親さえもが，ネットいじめを発見することは容易ではない。また，ネットいじめが生起し，たとえば被害者に関する情報がウェブページに一度でもアップ

ロードされると，先述のとおり情報は世界中で複製され，取り返しのつかない事態になっている場合さえある。それだけに，ネットいじめという問題に教師が向き合う場合，日頃からの徹底した予防の姿勢が極めて重要な意味をもつ。

　ネットいじめの予防には，教師としては，インターネットの使用方法に関する児童生徒への徹底した指導は欠かせない。インターネット上に他者のプライバシーを侵害したり誹謗中傷したりするような情報を掲載することの卑劣さ，そして犯罪にもなることを理解させることが求められる。また，ウェブページの書き込みについては，たとえ匿名であっても，調査をすれば当事者を特定できることがあるという情報伝達も必要である。教育委員会や学校の取り組みとして，インターネット上のパトロールが行われているのならば，そのことを児童生徒に伝えること自体が，ネットいじめの抑止力にもなるだろう。

　学校と家庭とが協力した指導体制を整えることも重要である。警視庁が2007（平成19）年7月に実施した調査によれば，携帯電話を保有する中学生のうち，38.2％の家庭で「ルールは特にない」という現実である（石橋，2008）。教師としては，子どもがインターネットを利用する際に起こりうる問題の諸相を家庭に説明した上で，「他者を誹謗中傷する書き込みはしない」など，家庭内での具体的なルールづくりの徹底を図るとよい。

　以上の取り組みがうまくいくためには，教師が，日頃からインターネットを取り巻く状況を理解しようとする姿勢が問われる。たとえば携帯電話のインターネット機能について，児童生徒が知っていることを教師がほとんど知らないといったことがあったりする。これでは，ネットいじめを含む，インターネットにまつわる問題について，児童生徒に具体的な指導はできないだろう。ネットいじめの予防と対応には，児童生徒に自信を持って指導できるように，絶えず学び続ける姿勢が欠かせない。

## 第3節　外国人児童生徒の学習支援

　社会の国際化・グローバル化にともない，日本国内の小中学校でも，日本語を母語（第一言語）としない子どもたちが，学級でともに机を並べて学習することが珍しいことではなくなってきた。しかし，これまで自分と同じ言語・社

会背景をもつ子どもを主に教育してきた学校現場では，こうした新しい状況に対する戸惑いが大きく，思い込みや誤解にもとづく対応が行われている場面も多々あるようである。ここでは，日本語を母語としない外国人児童生徒の学習支援に関する基本的な問題について述べておく。

なお，本節でいう「外国人児童生徒」とは，国籍を問わず日本に滞在する学齢期の児童生徒で，日本語を母語として育たなかった子どもを指すこととする。

## 1　子どもにとっての母語（第一言語）の意味

まず，日本語を第二言語として学ぶ子どもたちにとって，その母語（第一言語）はどのような意味をもつのであろうか。

1990年の出入国管理法の改定を契機に増加した南米日系人等の子弟の場合には，当初，日本への定住が目的ではなく出稼ぎのための一時的滞在という認識が強かったために，教育現場でも「本国に帰国したときに困るだろう」という理由で母語の維持を重要とする考え方が強かった。しかし，現在では当初の予想に反して長期滞在する家族も多く，年月の経過にともなって日本で生まれ育った子どもたちが小学校に入学するケースも増えている。こうした状況下では，母語の維持を自明のこととして大切とする考え方も薄れがちで，ともすると「日本の学校で勉強するのなら日本語が第一。そのためには家でもなるべく多く日本語を……」と日本語の習得ばかりを求める場面もしばしば見受けられるようである。しかし，子どもにとって母語の保持は「帰国した時に不便」というだけの理由なのであろうか。なら，日本への定住を目的とする「インドシナ難民」や「中国帰国者」の子弟などの場合には，母語はもう必要ないと言えるのか。

1）**母語喪失の危険性**　なるべく多く日本語を……と求める背景には，自身の外国語学習の体験などから，第二言語に触れる機会が多ければ多いほど習得が進むという思いがあるからかもしれない。しかし，小学校低学年までの子どもの場合，うっかりすると母語を喪失する危険があることを忘れてはならない。特に子どもの母語が日本における少数派言語である場合には，特別にその維持を目的に努力しないかぎり，むしろ失なわれるのが自然であることを親も教師も承知している必要がある。

2) カミンズの2言語共有仮説　　また，まずは日本語の学習を……と勧める気持ちの裏に，2つもの言語を同時に習得するのは困難と考える素朴な印象もあるのではないだろうか。「二兎を追う者は一兎をも得ず」ということわざは子どもの2言語習得の場合にもあてはまるのか。

　カナダの言語学者カミンズ（Cummins, 1980）は，それまでのバイリンガリズムに対する考え方を改めて，以下（図7-1）のような仮説を提唱している。

　バイリンガリズムと学力についての初期の研究では，バイリンガルがモノリンガルに比べて劣っていると捉える傾向があり，それを説明するために，頭の中には2つの言語の風船があり，1つが大きくなればもう1つは小さくなるとする素朴なモデルが多くの人に直感的に支持されていた。このモデルをカミンズ（1980）は共有基底言語能力モデルと区別して分離基底言語能力モデル（separate underlying proficiency model）と呼んでいる。

　しかし，その後の研究から，2つの言語は頭の中の別々の風船にバラバラに存在しているのではなく，すみやかに転移し相互に影響し合っているという証拠が現れ，図7-2の氷山の絵のように，2つの言語の基底部分は共有されているとするカミンズ（Cummins, 1980, 1981）の共有基底言語能力モデル（common underlying proficiency model）が支持されるようになった。

　このモデルでは，第一言語は第二言語習得の妨げになるのではなく，むしろ第一言語がしっかりしていればいるほど第二言語の能力も伸びると考えられるのである。

3) 母語とアイデンティティの保持　　母語の維持は言語習得に影響を及ぼす

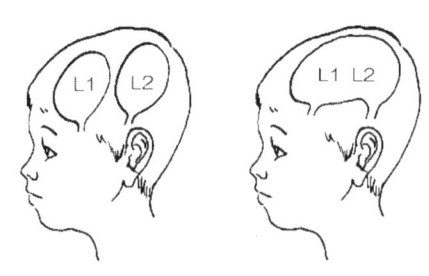

図7-1　分離基底言語能力モデルと共有基底言語能力モデル（カミンズ，1980，1981）

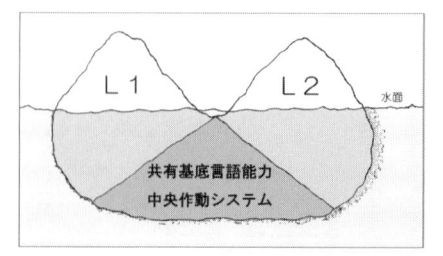

図7-2　氷山のたとえ（共有基底言語能力モデル）（カミンズ，1980，1981）

だけでなく，子どものアイデンティティの保持にも影響を与える。

母語を喪失するということは，親や祖父母との会話の言葉を失うということである。子どもが成長して人生のことを考えはじめる時期になっても，親と話し合うこともできない。また，自分の日本語が上達するのに比べて，なかなか日本語をマスターできない親を軽蔑しはじめるケースもあるという。親の出自を軽蔑するということは，自らのアイデンティティをも否定することに繋がるのである。

## 2 子どもの第二言語習得の特性と過程

子どもの第二言語習得に対して，相反する2種類の意見が聞かれることがある。1つは「子どもは放っておいても簡単に言語を習得するので，特別な指導をする必要はない」というもの。もう1つは，「われわれが中学校で英語を勉強したときのように，文法などを説明する言葉がないと言語を教えられない」というものである。これに対して，アンダーソンの以下の仮説が参考になるであろう。

1) アンダーソンの仮説　　アンダーソン（Anderson, 1960）は，言語の条件的習得および概念的習得と年齢との相関関係を次の図7-3のように示している。

人間は，ある一定の条件下におかれたら，否応なしに言語を身につける「条件的習得の能力」を生まれながらにもっているが，その能力は年齢を重ねるにつれて次第に下がり，反対に言語を概念的にとらえ理屈で習得しようとする

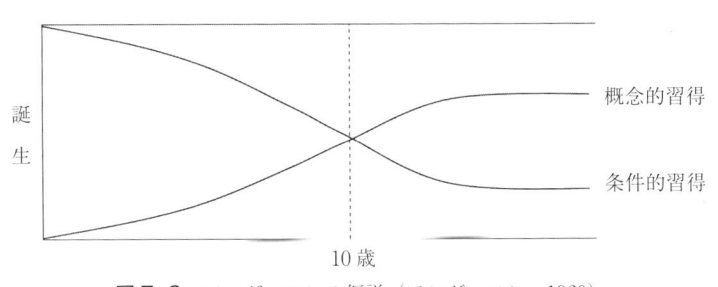

図7-3　アンダーソンの仮説（アンダーソン，1960）

「概念的習得の能力」が年齢とともに上昇し，10歳前後にその大きな転換期が現れるというのである。このことは，子どもの言語教育に対する考え方を，10歳前後を境として切り替えなければならないことを示唆している。

小学校低学年までの子どもには，文法学習を導入しても難しい。むしろ，母語習得の場合と同じように，楽しい模倣を繰り返したり，言語を使用する豊富な体験を用意するほうがよいであろう。一方，小学校高学年以上の子どもには，大人と同じように知的な言語操作能力をフルに活用する教授法が効果的と思われる。

2) 沈黙期間と理解できる言語刺激　母語と異なる言語の世界に突然入れられた子どもの年齢が低い場合，通常1～3カ月位，長い子どもでは半年から1年もの間，沈黙期間がつづく場合があるという。こうした特性を知らず，言葉を発しない子どもを，日本語の習得困難な子どもと思い違いをするケースもあると聞く。

しかし，理解が十分に醸成されていないのに無理に発表を要求すると子どもに心理的負担がかかる。理解能力に支えられて産出能力は形成されていくので，入門期においては聴解力の発達に重点をおく指導法を考えるべきである。また，言語の習得は，理解できる言語刺激が多いほど進むといわれている。児童の言語理解能力より少しだけ高いレベルの言語刺激（☐ + α）を多く与えることである。

## 3　学校教育に必要な日本語能力

日本語の日常会話がある程度できるようになった子どもが，いざ学校の授業に参加しようとすると，思うように成績が伸びないという経験を現場の教師から聞くことがある。そのような場合，外国人児童生徒の教育に慣れない教師は，往々にしてその責任を，児童生徒個人の勉学態度や父母の教育に対する熱心さの欠如等のせいにしがちである。

しかし，カミンズ等の調査によれば，日常の会話能力と学習のために必要な言語能力との間には相当の差があることが指摘されている。

1) BICSとCALP　カミンズ（Cummins, 1984）は，言語能力を，日常会話などの具体的な言語活動において不可欠な言語活動の一側面を表す「基本的対

人的伝達能力」と授業を受けるのに必要な認知活動と関連した言語能力の一側面である「認知的学習的言語運用能力」とに分け，それぞれ BICS (Basic Interpersonal Communicative Skills)，CALP (Cognitive/Academic Language Proficiency) という2つの用語を用いて区別した。調査によれば，BICS は多くの場合1～2年で獲得されるが，CALP が一般のモノリンガルと同じレベルに達するには，ほぼ5～7年も必要とのことである。

2) コミュニケーションにおける認知力必要度と場面依存度　この BICS と CALP の関係を説明するために，さらに2つの座標軸が提唱された (Cummins, 1984)。

```
                    認知力必要度
                      (低)
                       │
              A        │        C
                       │
場面依存度(高)─────────┼─────────(低)場面依存度
                       │
              B        │        D
                       │
                      (高)
                    認知力必要度
```

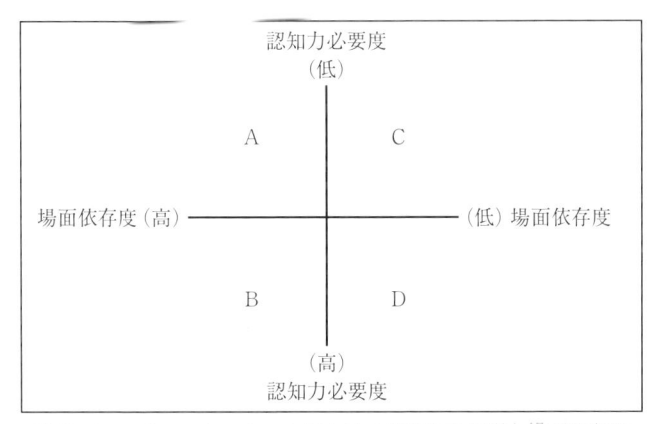

図7-4　コミュニケーションにおける認知力必要度と場面依存度
　　　　(カミンズ，1984)

　これは，人とコミュニケーションをする場合に，どの程度認知力を必要としまたどのくらい場面や文脈の助けがあるかという2つの視点から「会話面」と「認知面」のことばの力の違いを明らかにしようとしたものである。
　たとえば，土産物屋で買い物をするというような場合には，ほとんど言葉の通じない外国であっても，ジェスチャーなどを使ってなんとか目的を達成することができるであろう。それは，買い物という行為が認知力をさして必要とせず，またジェスチャーなどがおおいに助けになる種類の活動（Aの領域）だからである。一方，学校での授業のように，説明が中心で高い認知力を必要と

する内容を言葉だけで理解しなければならないような場合には，Dの領域となり，もっとも難しいコミュニケーション活動となる。このように，BICSレベルのコミュニケーションとCALPとでは，コミュニケーションの質にかなりの開きがあり，日常会話ができたからといってただちに学校の授業についていけるわけではないことがわかるのである。

### 4　外国人児童生徒のための学習支援

さて，外国人児童生徒が日本の小中学校で日本語による教育を受ける場合，上記のような理論や考察を踏まえたうえで，支援のために具体的に何ができるのかを考えなければならない。紙面の都合で詳しく述べるスペースがないが，支援者に心得ておいてほしい点について，1つだけ触れておきたいと思う。

1)　**日本語の難易度について**　　日本語を母語として育った多くの教師・支援者は，自身の話す日本語について意識的であることが少ない。例えば，新しく外国人児童を受け入れたばかりの学校に支援者が訪れると，「とりあえず小学校1年生の教科書が読めるようにしてほしい」という要求を簡単に出されることがある。しかし，小学校1年生の教科書は，日本語母語話者にとっては容易でも，日本語を母語としない外国人児童生徒にとってはいかに難しいものであるかについて，あまり意識されてはいないようだ。

筆者は，大学院の授業で以下のような調査をしたことがある。小学校の教室で使われる日本語の難易度を調べるために，1年生から6年生までの各学年の算数授業の録音をとり，そこで使われている言葉を（外国人のための）「日本語能力試験出題基準」（注）に合わせて，1級，2級，3級，4級の語彙に分けてみたのである。するとその結果はおおよそ図7-5のようであった。

日本語能力試験出題基準

|  | 学習時間 | 語彙数 | 漢字数 |
| --- | --- | --- | --- |
| 1級 | 900時間 | 10,000語 | 2,000字 |
| 2級 | 600時間 | 6,000語 | 1,000字 |
| 3級 | 300時間 | 1,500語 | 300字 |
| 4級 | 150時間 | 800語 | 100字 |

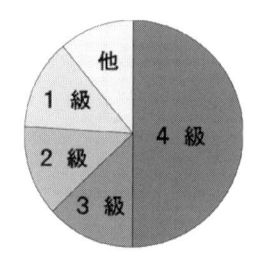

図7-5　小学校算数授業の語彙レベル

しかも，この割合は1年生の授業でも6年生の授業でも変わらなかったのである。外国人児童生徒の学習を支援する者は，こうしたことにも自覚的である必要がある。

（注）1984年から実施されている「日本語能力試験」について，その出題基準が文字・語彙，文法，聴解，読解の項目別に公表されている（国際交流基金他 1994）。

## 第4節　スクールカウンセリングと教師によるカウンセリング

### 1　スクールカウンセリングの変遷

　カウンセリング（counseling）という用語が初めて登場したのは1920年代のアメリカである。当初は，学生への助言や情報提供を意味するガイダンス（guidance）の一環として，学生の卒業後の職業選択と斡旋をめぐる援助を行うことを意味していた。1930年代には，ウィリアムソン（Williamson, 1930）が彼の著書「How to counsel students」のなかで，職業指導のほかに学業上の適応を図るための精神衛生面でのケア，および，知能や適性などの心理測定の活動をも含むものとして，カウンセリングの概念を拡張した。それ以来，アメリカではスクールガイダンス（school guidance）が学校教育の一環としてとり入れられ，学校教育におけるカウンセリングの必要性が認識されてきた。

　伝統的に，アメリカの教育現場ではガイダンスとカウンセリングという2つのことばが互換的に用いられていた。1980年代になると，学生の学力低下や学校不適応の問題が深刻化するなかで，ガイダンスカウンセラー（guidance counselor）の役割と機能はアメリカの多くの州法によって規定され，キャリア発達のプログラムの作成，学習障害や精神障害などの特別なニーズをもつ学生の発見，怠学や不登校の指導，勉学面でのカウンセリングなどの業務が新たに追加された。このように，ガイダンスカウンセラーの役割としてカウンセリングの機能が拡充された結果，ガイダンスの語は職名称から削られ，学校現場で働くカウンセラーはスクールカウンセラー（school counselor）と呼ばれるようになった。

一方，日本の近代的学校教育の現場では，スクールカウンセリングのさまざまな実践は，「生徒指導」や「進路指導」といった名称で教師によって担われてきた。初期の実践内容は道徳教育を中心とした生活態度などの指導が主たるものであった。1949年，文部省（当時）は「中学校・高等学校の生徒指導」を公刊し，ガイダンスの概念が「生徒指導」と訳されて，初めて日本の学校教育に導入された。ところが，教育現場では，ガイダンスとしての生徒指導と従来の生活指導が混同されることも多く，概念の統一がなされないままその実践が行われていた。

1970年代頃より，家庭での教育力の低下，高学歴志向による受験競争，学校の保守的・管理的体質などが複雑に絡み合って，児童生徒の不適応や反社会的・非社会的行動が社会問題視されはじめた。生徒指導や進路指導の担当教諭には，次第に高度な専門性が要求されるようになった。1989年，教育職員免許法施行規則の改定により，小学校教師になるためには「生徒指導および教育相談に関する科目」が，中学・高等学校教師になるためには「生徒指導，教育相談および進路指導に関する科目」が必修となり，教科指導に加えて生徒指導，教育相談，進路指導の能力が教師に必要な指導能力として強調されるようになった。さらに，急激に増加した不登校やいじめなどの問題への対策として，文部省（当時）が1995年度から「スクールカウンセラー活動調査研究委託事業」を実施すると，スクールカウンセラーという専門職の存在やその必要性への認識が一層広まり，多くの小・中・高校でスクールカウンセラーを配置するようになった。

## 2　スクールカウンセリングの目標とスクールカウンセラーの役割

スクールカウンセリングについてもっとも明確な定義を行っているのは全米スクールカウンセラー協会（American School Counseling Association，以下ASCAとする）である。ASCAは，スクールカウンセリングの目標は何か，スクールカウンセラーの果たすべき役割は何かについて「スクールカウンセリングプログラム・ナショナルスタンダード」を公表しており，その定義は次のようになる。

「カウンセリングは人間を援助する過程であり，人々の意思決定と行動の修

正を手助けすることである。スクールカウンセラーは，教育プログラムの不可欠な要素であり，すべての子どもたち，学校職員，家族，地域住民に働きかける。スクールカウンセリングプログラムは，子どもたちの社会的・情緒的・キャリア的発達に焦点を当て，学業達成への援助および予防と介入活動，擁護活動などを通して1人ひとりの子どもたちが学校において成功できるように助成することを目的とする」（Campbell & Dahir, 1997）

　上記の定義からわかるように，ASCA はスクールカウンセリングの目標としてすべての児童生徒の学校での成功，とりわけ学業面での達成と成功に重点をおいており，それに関連して学業的発達，キャリア的発達，個人的・社会的発達面での援助を行うとしている。このように，スクールカウンセリングの目標が広範で高次な目標設定となっているがゆえに，カウンセリングの対象には児童生徒に留まらず，学校職員，家族，地域住民までもが含まれる。また，スクールカウンセラーはすべての児童生徒の望ましい発達を助成するために多彩な方策・活動・提供方法・資源を活用して，スクールカウンセリングプログラムを設計・構成・実践・調整する責任をもつ。

　スクールカウンセラーの果たす具体的な役割については，その援助方法および活動内容という側面から述べてみたい。スクールカウンセラーの援助方法としては，カウンセリング，コンサルテーション，コーディネーション，ケースマネジメント，ガイダンスがあげられる。各々の具体的な内容は次のとおりである。

　1）**カウンセリング**　　カウンセリングとは，児童生徒・保護者の抱えている問題に対し，スクールカウンセラーが個別あるいは小集団（一般に4～8人程度）で実施する心理学的援助を意味する。また，重大な問題を抱えた児童生徒・保護者に対して行われる直接的関与のみならず，問題をもつ可能性の高い児童生徒・保護者に対する予防的関与のほか，すべての児童生徒を対象とした自己理解や人格の成長・発達を促す目的の開発的な関与をも含むものである。このようなスクールカウンセラーの児童生徒・保護者へのさまざまな関与の方法として心理学的アセスメントや個別・集団での心理面接などが行われる。

　2）**コンサルテーション**　　一般にコンサルテーションとは，専門業務中に直面する課題について専門家（コンサルティ）が他の領域の専門家（コンサル

タント）に相談することを意味する。スクールカウンセリングにおけるコンサルテーションとは，スクールカウンセラーが保護者，教師，地域社会に対して，彼らが直面している問題や心配事を深く考えられるように，更なる知識やスキルを身につけられるように，より客観的になって自分に自信がもてるように援助することである。この援助も個別あるいは大小の集団で行うことができ，必要とされる情報やスキルを提供することによって，保護者，教師，地域社会が児童生徒の学校での学業的，キャリア的，個人的・社会的発達を援助できるように支援することがその目的となる。

3）コーディネーション　コーディネーションとは，スクールカウンセラーのつなぎ役（リエゾン）としての役割を意味する。すなわち，関連専門領域とのチームアプローチの視点にたって，スクールカウンセラー自身，教師や養護教諭などの学校関係者，保護者，地域社会資源をつなぐ役割を意味する。その活動内容には，児童生徒および保護者にとって必要となる適切な学校内外の社会的資源や援助プログラムを提供することのほか，学校内外の社会資源の情報を把握して，それをネットワーク化していく活動などが含まれる。よって，スクールカウンセラーは公的・私的を問わず学校内外の社会資源に精通する必要があり，担当している学校と地域社会における資源に対して日頃からつながりをもっていることが望まれる。さらに，スクールカウンセラーは，児童生徒の擁護者として彼らが学校での成功が可能になるよう各種援助サービスを平等に享受する権利をすべての児童生徒に保障するよう努める役割を担う。

4）ケースマネジメント　ケースマネジメントとは，個々の児童生徒の進歩や発達について必要なモニタリングを行うことを意味する。すなわち，個々の児童生徒が学業的領域，キャリア的領域，個人的・社会的発達の領域において，成功に向けてどこまで進歩したかをモニタリングする活動である。日本では，児童生徒へのこの種の評価やモニタリングはどちらかといえば担任教師の役割と受けとめられている。しかし，担任による学業的・社会的発達の評価は単年度のものになりがちで，進級時に担任同士の引き継ぎが行われるものの，一貫したケースマネジメントに限界がある。スクールカウンセラーによるケースマネジメントは，入学から卒業までの全就学期間を通してのモニタリングであり，その結果は児童生徒への個別支援の判断において重要な資料となるため，

すべての児童生徒への支援を保証する上でも欠かせない役割となる。

5) ガイダンス　ガイダンスとは，学業的，キャリア的，個人的・社会的発達の領域における児童生徒の成功を助成するために，発達段階に合わせて継続的に必要な知識や情報，スキルなどを提供する活動である。スクールカウンセラーは，児童生徒の発達上の特定の問題や関心領域に注意を向けさせる特別なガイダンスを行うことも重要な役割となる。たとえば，思春期による身体的発達に関連して，スクールカウンセラーはスクールナース（日本の養護教諭に当たる）と連携をとり，身体の変化と発達がもつ意味に関するガイダンスを行ったり，避妊や中絶に関連したテーマのガイダンスプログラムを計画・構成・実施したりする。アメリカではガイダンスは学級会や学年会などの集団の会合を通して伝えられることが多い。それは，こうした集会がガイダンスを学校の最大数の児童生徒に伝えるのに最適な機会であるからである。

## 3　教師によるカウンセリング

教師によるカウンセリングを論じる際には，ガイダンスの訳である「生徒指導」という用語の方が教育現場にはより馴染み深い。生徒指導に関する文部科学省定義（文部省，1988）は，次のとおりである。

「生徒指導とは，本来，1人ひとりの生徒の個性の伸長を図りながら，同時に社会的な資質や能力・態度を形成し，さらに将来において社会的に自己実現できるような資質・態度を形成していくための指導・援助であり，個々の生徒の自己指導能力の育成を目指すものである。そして，それは学校がその教育目標を達成するためには欠くことのできない重要な機能の1つである」

また，文部科学省は，学校における生徒指導の意義に関して，次のようにも述べている。

「現在の学校教育，特に中学校や高等学校の教育において，青少年の非行行動，その他の問題行動の増加の現象とそれに対する対策の必要性があげられるが，生徒指導の意義は，このような青少年非行等の対応といった，いわば消極的な面だけにあるのではなく，積極的にすべての生徒のそれぞれの人格のより良き発達を目指すものとともに，学校生活が，生徒の1人ひとりにとっても，また学級や学年，さらに学校全体といったさまざまな集団にとっても，有意義

かつ興味深く充実したものになるようにすることを目指すところにある」(文部省，1981)

　この定義に示されているように，生徒指導は，児童生徒が示す学校不適応への対症療法的な指導を行うことのみならず，学校生活そのものが個々の児童生徒が各自の発達段階に沿った人格的発達を成し遂げられる助成の場となるように，教師と生徒，生徒と生徒間で構成されるさまざまな集団にとっても望ましい人間関係の形成の場となるように，児童生徒の"生きる力"の土台ともいえる自己指導能力の育成の場となるように働きかけるという積極的な意味をもつ。

　広義の生徒指導は上記のような意味に基づいて実践される教育活動であるが，その具体的実践内容に関して，仙崎 (1990) は次の6つの領域に分けて説明している。

①個人の生活・行動に関する指導
　基本的生活習慣，生活態度や行動，余暇善用，生き方などへの指導
②友人関係，対人的技能・態度の指導
　交友関係，人間関係の技能や態度などの指導
③学業生活の指導
　学び方，類型・教科科目の選択，学業生活への適応などの指導
④進路の指導
　自己理解，進路探索，進路の選択・決定，進路計画の達成，適応や自己実現などの指導
⑤健康や安全の指導
　心身の健康，体力増強，安全生活などの指導
⑥集団への適応指導
　学校，学級生活，ホームルームやクラブ等への集団生活，家庭や地域社会における集団活動などの指導

## 4　スクールカウンセラーと教師の連携

　生徒指導とは，教育相談，進路指導，保健指導などを含む包括的な概念である。また，相談係の教諭，進路相談教諭，養護教諭，担任教師などの教師がその実践を担っており，公務分掌によって各々の役割と活動内容が定められてい

る。そして，これらの領域において蓄積されてきたノウハウには目を見張るものがある。このように，日本の学校現場では，教師による独自のスクールカウンセリングの実践が行われていたため，スクールカウンセラーが配置された当初には，教師との連携が順調に行われていたとはいいがたい。いうまでもなく，教師は教科指導と評価，道徳教育と生活指導といった教育技能を得意としており，カウンセラーは心理アセスメントや危機介入などの技能を得意としている。このような互いの専門性の違いや問題解決に向けてのアプローチ方法の違いについて十分に認識し，互いの得意な知識や技能を生かした連携が可能になるまでには一定の時間が必要であったことは容易に理解できる。

　児童生徒のさまざまな不適応の問題をはじめ全人格的成長の助成に対するより積極的な対応の試みとして，日本の学校現場においてもスクールカウンセラーを配置するようになったことは，児童生徒へのケアの質の向上の側面から大いに評価すべき前進ともいえる。しかし，その多くは非常勤という勤務形態で配置されており，児童生徒へのガイダンスやカウンセリングの多くの機能は依然として常駐している教師に依存せざるをえない状況に置かれている現状も否めない。小・中・高校の養護教諭を対象にした金（2008）の研究では，教師とカウンセラーとの連携は概ね上手く行っているものの，非常勤のカウンセラーに代わって心理的ケアの面においても教員の関与が多くならざるをえない実情が存在しており，それに付随して教師は心理臨床に関する専門知識の不足による具体的な対応に苦慮している様子が浮き彫りになっていた。

　家庭や地域社会の教育力が低下した日本の現状を踏まえても，児童生徒の学校適応，学業における成功の助成，生きる力の土台の形成を目的とするスクールカウンセリングをより効果的に実践するにあたっては，スクールカウンセラーと教師の各々の実践力の強化と両者間の円滑な連携が最重要課題となっている。また，両者間の円滑な連携を可能にする，より効果的な実践環境を整える上では，アメリカ同様日本でもスクールカウンセラーの常駐化も急がれている。

## 文献

Anderson, T. 1960 The Teaching of Foreign Languages in the Elementary School, D.C. Health and Company.

Campbell, C. A. & Dahir, C. A. 1997 The National standards for school counseling programs. The American School Counselor Association.（キャンベル，C. A.・ダヒア，C. A. 中野良顯（訳） 2000 スクールカウンセリング・スタンダード 図書文化）

コリン・ベーカー 岡秀夫（訳） 1996 バイリンガル教育と第二言語習得 大修館書店

Cummins, J. 1980 The construct of language proficiency in bilingual education.In J.E. Alatis（ed.） Georgetown University Round Table on Languages and Linguistics 1980. Washington DC:Gergetown University Press.

Cummins, J. 1981 Bilingualism and Minolity Language Children.Tronto:Ontario Institute for Studies in Education.

Cummins, J. 1984 Bilingualism and Special Education:Issues in Assesment and Pedagogy, Clevedam:Multilingual Matters.

藤田和弘・熊川恵子・柘植雅義・三浦光哉・星井純子（編著） 2008 長所活用型指導で子どもが変わる Part3──認知処理様式を生かす各教科・ソーシャルスキルの指導 図書文化

市川千秋・榊原秀雄・榊原朝子・藤岡良寿 1995 いじめ解決プログラムに関する研究──2段階肯定的メッセージ法の効果 三重大学教育実践研究指導センター紀要15, 1-9.

石橋昭良 2008 ケータイ・インターネットと子どもたち 中等教育資料 57(1), 20-25.

石隈利紀・山口豊一・田村節子（編著） 2005 チーム援助で子どもとの関わりが変わる──学校心理学にもとづく実践事例集 ほんの森出版

香取早苗 1999 過去のいじめ体験による心的影響と心の傷の回復方法に関する研究 カウンセリング研究 32, 1-13.

川上郁雄 2001 「移動する子どもたち」と日本語教育 明石書店

金愛慶 2008 小・中・高校における自傷行為への対応上の問題・限界・要望 名古屋学院大学紀要社会科学篇45（3） 83-90.

國分康孝・國分久子（総編集） 2004 構成的グループエンカウンター事典 図書文化

国際交流基金・（財）日本国際教育協会 1994 日本語能力試験出題基準 凡人社

Lines, D. 2008 The Bullies: Understanding bullies and bullying. London and Philadelphia: Jessica Kingsley Publishers.

文部省 1981 生徒指導の手引（改訂版） 大蔵省印刷局

文部省 1988 生徒指導資料 第20集 大蔵省印刷局

森田洋司 1994 いじめ，いじめられ──教室では，いま 森田洋司・清水賢二 新訂版 いじめ──教室の病い 金子書房 39-98.

森田洋司（総監修／監訳） 1998 世界のいじめ──各国の現状と取り組み 金子書房

森田洋司・滝充・秦政春・星野周弘・若井彌一（編著） 1999 日本のいじめ──予防・対応に生かすデータ集 金子書房

無藤隆・神長美津子・柘植雅義・河村久（編著） 2005 「気になる子」の保育と就学支援

──幼児期におけるLD・ADHD・高機能自閉症等の指導　東洋館出版社
内藤朝雄　2007　〈いじめ学〉の時代　柏書房
中井克佳　1998　構成的グループ・エンカウンターに関する研究──短期集中プログラムの効果　学校カウンセリング研究　1　1-8.
中島和子　2001　バイリンガル教育の方法　増補改訂版　12歳までに親と教師ができること　アルク
縫部義憲　1999　入国児童のための日本語教育　スリーエーネットワーク
岡本夏木　1985　ことばと発達　岩波書店
Olweus, D., & Limber, S.P. 2007 Olweys Bulling Prevention Program: Teacher Guide. Center City, MN: Hazelden.
坂西友秀　1995　いじめが被害者に及ぼす長期的な影響および被害者の自己認知と他の被害者認知の差　社会心理学研究　11, 105-115.
坂西友秀・岡本祐子（編著）　2004　いじめ・いじめられる青少年の心　北大路書房
佐藤正二・相川充（編）　2005　実践！ソーシャルスキル教育　図書文化
仙崎武（編著）　1990　生徒指導──生き方と進路の探究　ぎょうせい
柘植雅義　2002　学習障害（LD）理解とサポートのために（第3刷）　中公新書
柘植雅義　2004　学習者の多様なニーズと教育政策──LD・ADHD・高機能自閉症への特別支援教育　勁草書房
柘植雅義　2008　特別支援教育の新たな展開──続・学習者の多様なニーズと教育政策　勁草書房
柘植雅義・秋田喜代美・納富恵子・佐藤紘昭（編著）　2007　自立を目指す生徒の学習・メンタル・進路──中学・高校におけるLD・ADHD・高機能自閉症等の指導　東洋館出版社
柘植雅義・渡部匡隆・二宮信一・納富恵子（編著）　はじめての特別支援教育──教職をめざす大学生のために　有斐閣
柘植雅義・井上雅彦（編著）　2007　発達障害の子を育てる家族への支援　金子書房
内田伸子　1999　発達心理学──ことばの獲得と教育　岩波書店
上野一彦・竹田契一他　特別支援教育資格認定協会（編）　2007　特別支援教育の理論と実践　金剛出版．
上野一彦・海津亜希子・服部美佳子　2005　軽度発達障害の心理アセスメント──WISC-IIIの上手な利用と事例　日本文化科学社
Williamson, E. F. 1930 How to counsel students: a manual of techniques for clinical counselors. New York: McGraw-Hill Book Co.
山本雅代　2000　日本のバイリンガル教育　明石書店
吉田昌義・河村久・吉川光子・柘植雅義　2004　通常学級におけるLD・ADHD・高機能自閉症の指導──つまずきのある子の学習支援と学級経営　東洋館出版社

## コラム7

# 発達障害の診断の難しさと総合的なアセスメント

　発達障害の診断は，遺伝子の異常などの明確な根拠によって決められるものではない。そのため，同じ子どもを複数の専門医が診た場合，診断名が異なるケースがある。また，診断された年齢以後の発達や療育の成果によっては，診断名に違和感が生じるケースも少なくない。

　たとえば，幼少期は多動性が大きな課題となっており，注意欠陥多動性障害（ADHD）と診断を受けた子どもが，小学校高学年では，対人関係の構築の難しさが主な課題となっており，むしろアスペルガー症候群と見立てた方が自然な場合がある。さらには，複数の障害特性が同時に認められる子どもも少なくない。このような点が，発達障害の診断を難しいものにしている。

　したがって，診断名は支援の始まりととらえ，その後の子どもの実態に着目し，それに見合った指導・支援を実施することが重要である。なお，各教育委員会には，教育学や心理学，医学などの専門家からなる専門家チームがおかれ，学習障害（LD）かどうか，注意欠陥多動性障害（ADHD）かどうか，高機能自閉症かどうかなどを「判断」（医学的診断ではない）し，各学校へのコンサルテーションなどで支援している。

　発達障害のある子どもを指導・支援する際に，その子どもに関するさまざまな情報を集め，その結果を総合的に分析する作業をアセスメント（調

査，査定，実態把握）という。先述したように発達障害の診断および判断は難しく，その障害名だけで子どもの実態のすべてをとらえられるものではない。それゆえ，アセスメントは，指導・支援を実施する前のとても重要な作業といえる。

より精度の高いアセスメントを行うためには，行動観察，発達の状態，知的水準，認知の特性，学習の状況，社会性などの総合的な情報を得ることが大切である。表7-1に，アセスメントの内容や目的，方法を記載する。

表7-1 アセスメントの内容一覧

| 内　容 | 目　的 | 方　法 |
|---|---|---|
| 行動観察 | 子どもがつまずいていたり困ったりしている内容，その場面，頻度等における情報を，観察を通して具体的に得る。 | 授業場面等における観察など |
| 生育歴<br>健康状態<br>相談歴など | 保護者や教師などその子どもに関わる人からの聞き取りも重要な情報とし，生育歴や健康状態，相談時の記録などから情報を得ることで，その子どもの発達における特徴を知る。 | 子ども本人や関係者との面談など |
| 知的水準<br>認知特性 | 心理発達検査を実施し，その子どもの知的水準や認知特性を客観的に評価する。採用する検査方法によって対象年齢や得られる結果が異なる点に留意すること。 | ウェクスラー式知能検査，K-ABC など |
| 学習の様子 | 各教科における達成度や学習の様子，チェックリスト等から，その子どもの「聞く力」「読む力」「書く力」「計算力」「推論する力」の観点におけるつまずきの特徴を知る。 | 授業の様子，テストの結果，LDI など |
| 行動面<br>社会性など | 観察やチェックリスト等から得られる情報を通して，その子どもの気になる行動と環境や条件との関連性について分析をする。 | 行動観察，新版 S-M 社会生活能力検査など |

# 事項索引

## あ
愛着 18, 19, 20
アイデンティティ 25-26, 136, 182-183
　　──拡散 25
アタッチメント 18
アンダーマイニング効果 131-132

## い
いじめ 72, 91, 174-180, 188
一語文期 56
遺伝子 7-11, 196
遺伝説 20
遺伝と環境 7, 8, 9, 20
遺伝と個性 9
意味記憶 107-108
インターネット 11-12, 90-92, 123-124, 178-180

## え
ATI 119-120
ADHD（注意欠陥多動性障害）167, 169
エピソード記憶 107-108
LD（学習障害）167, 169

## お
横断的方法 23
オペラント 98-101, 103, 112-113, 177
音韻意識 60
音声 53-55, 105, 125

## か
ガイダンス 187-189, 191, 193
カウンセリング 161, 177, 187, 188, 189, 190, 191, 193

可逆性 19, 45
学習 3-4, 7-8, 10-13, 20-21, 24-26, 29-30, 48, 52-53, 57-59, 61, 70, 72, 78, 84-85, 90, 95-98, 103-104, 109-120, 123-129, 136-137, 139, 144-145, 149-156, 158-159, 161, 165-173, 177, 180-182, 184-187, 196-197,
　　──指導要領 76
　　──性無力感 101, 102, 132, 134
学級 13, 70, 115, 149-156, 158-159, 161, 164-167, 170-178, 180, 191-192
学校裏サイト 179
学校保健統計 31-32, 36
感覚運動期 24, 41
感覚記憶 105-107
環境説 20-21
観察学習 102-104
完全習得学習 114-115, 119

## き
記憶 27, 39, 48-49, 61, 73, 105-111, 117
危機介入 178, 193
期待 83, 85, 92, 102, 111, 113, 135-137, 145, 150-151, 168, 176-178
記銘 27, 105, 107
ギャング・エイジ 70
強化 22, 85, 97, 99-104, 113, 155, 193
強化子 99-101
競争 70, 151, 153, 156, 188
共有基底言語能力モデル 182

## く
具体的操作期 24, 44-45
クラス包含 45

## け

形式的操作期 25, 45
KR情報 113
ケースマネジメント 189-190
結果予期 73
結晶性一般知能因子 48
言語運用 58, 185
言語獲得の生得論 58
言語能力 24, 54, 57-60, 182, 184-185
検索 27, 73, 105, 109, 110-111

## こ

語彙 53-57, 61, 186-187
高機能自閉症 167-170, 196
構成的グループエンカウンター 177
肯定的メッセージ法 177
行動主義 8
コーディネーション 189-190
刻印付け 19
古典的条件付け 95-98
語用論 53, 60
コンサルテーション 189-190, 196

## し

CALP 184-186
シェイピング 101
シェマ 24, 28, 41
視覚的選好法 39
軸―開放語アプローチ 56
ジクソー学習 156
自己効力感 135-136
自己中心性 23-24, 44
自己調整機能 85
システム 11, 27, 37, 106, 124, 168
シナプス 37-39
自発的回復 98
社会的コンピテンス 68, 71, 74
社会的手がかり 72
社会的問題解決能力 71, 74
縦断的方法 23

手段―目的関係 41
馴化 40
障害 19, 35, 41-42, 101, 167-173, 176-177, 187, 196-197
消去 97-98, 100
消去抵抗 100
条件刺激 96-98
条件反応 96-98
象徴機能 42
情報処理 26-27, 72-75, 105
情報倫理教育 91
初期経験 18
初語 55, 57
身長の発達 32
心理社会的危機 25

## す

髄鞘 38-39
スキナー・ボックス 99
スクールカウンセラー 187-193
スモールステップ 113
刷り込み 19

## せ

成熟 7-8, 10, 18, 20-21, 25, 33-34
精神年齢 50
精神分析学 18, 25
生徒指導 161, 175, 188, 191-192
勢力 157
前操作期 42, 44-45
前操作的思考段階 24

## そ

相互作用説 20, 22
ソーシャルスキル教育 177

## た

第一次循環反応 41
第三次循環反応 41
体重の発達 31-32
対人葛藤 74-75

体制化方略 109
第二次循環反応 41
第二次性徴 71
代理強化 104
脱馴化 40
短期記憶 105-107, 109

## ち
知能 9, 39, 41, 61, 187
　――検査 47-52, 150, 197
　――指数 47-48, 50, 52
　――テスト 47-51, 150
　――の恒常性 52
　――の構造 48
　――の立方体 49
　――偏差値 51
長期記憶 105-107, 109
直線型プログラム 112
貯蔵 73, 105
直観的思考 42

## て
適性処遇交互作用 119
転導的推理 42

## と
同一性 25, 45
動機づけ 61, 116, 126-137, 144, 145, 146
統語 53, 56, 58
同調 80, 83, 153, 175
道徳教育 77, 81, 86, 188, 193
道徳性 76-85, 87
道徳性認知発達理論 80-81
道徳の判断力 76-77
特殊知能因子 48
特別支援教育 167-169, 201

## な
内言 26, 29, 53
仲間集団 70-71, 153

## に
二語文期 56-57
二次的動因説 18-20
ニューロン 31, 37-38
認知スタイル 61
認知発達理論 23, 78, 80-81

## ね
ネチケット 92
ネチズン 92
ネットいじめ 91, 174, 178-180

## は
パーソナリティ 68
パズ学習 155
発見学習 115-116, 119
発達 3-4, 7-13, 17-39, 41-42, 47, 49-61, 65, 67-69, 71, 74-85, 87, 96, 105, 107-111, 117, 167-173, 184, 187, 189-192, 196-197
　――加速現象 33, 34

## ひ
BICS 184, 185, 186
PM 理論 157
ピグマリオン効果 150
皮膚接触 19-20
肥満 31, 35-36

## ふ
フォロアー 70
輻輳説 20, 22
プログラム学習 112-114, 119
分岐型プログラム 112
文法 54, 56, 58, 60, 183-184, 187
分離基底言語能力モデル 182

## ほ
報酬 3, 19, 83-84, 99, 103, 116, 129-132
保持 3, 27, 48, 105-108, 116, 173, 181-183
補償性 45

保存概念　45
保存課題　42-46

## み
三つ山課題　44

## む
無条件刺激　96-98

## め
メタ記憶　105, 110

## も
モデリング　101, 103-104, 177
モラル　76, 82, 86

## ゆ
有意味受容学習　116-117, 119

## よ
予期　73, 135
読み書き能力　59-60

## り
リーダー　70, 151-152, 157-160
リーダーシップ　157-160
リテラシ　60-61
リハーサル方略　109
流動性一般知能因子　48
臨界期　18-19

## れ
レディネス　8, 34

## わ
ワーキングメモリ　61, 105-107

# 人名索引

## ウ
ヴァーノン 48
ヴィゴツキー 26, 28, 29-30, 59
ウェックスラー 47, 50

## エ
エリクソン 25, 84

## オ
オースベル 116-117

## カ
カミンズ 182, 184-185

## キ
ギリガン 80, 84
ギルフォード 48, 52

## ケ
ケイガン 61
ゲゼル 8, 21, 49

## コ
コールバーグ 79-86

## サ
櫻井育夫 83, 87
サーストン 48, 52
サリバン 68

## シ
ジェイコブソン 150
シェリフ 151-153
塩田芳久 155
シモン 48, 50
シュテルン 22, 50

## ス
杉江修治 155
スキナー 98-99, 112
スキャモン 33, 38
スターンバーグ 47-48, 52

## セ
セリグマンとマイアー 132-133
セルマン 74-75

## タ
ターマン 47, 50, 52

## チ
チョムスキー 58-59

## テ
ディシ 129, 132

## ト
ドッジら 72-73

## ハ
ハーツホーン 86
ハート 48, 96-97
ハーロウ 19-20
パブロフ 95, 97

バンデューラ 85, 102-104, 135

## ヒ
ピアジェ 8, 22-25, 28-30, 41-47, 56, 58-59, 79-81, 84-85
ビネー 47-48, 50, 52

## フ
ファンツ 40
ブルーナー 59, 116
ブルーム 57, 114-115
ブロンフェンブレナー 11

## ホ
ボウルビィ 18
ボーリング 47

## レ
レッパー 159

## ロ
ローゼンソール 150

## ワ
ワトソン 21, 96-97

**監修者**

鈴木　眞雄　名古屋学院大学スポーツ健康学部教授

**編者**

宇田　　光　南山大学教職センター教授
谷口　　篤　名古屋学院大学スポーツ健康学部教授
石田　靖彦　愛知教育大学教育学部准教授
藤井　恭子　関西学院大学教育学部准教授

**執筆者** 〈執筆順, （　）内は執筆担当箇所〉

鈴木　眞雄（序章）　監修
宇田　　光（1章, 2章1節）　編者
丸山真名美（コラム1, 2）　至学館大学健康科学部准教授
堀田　千絵（2章2節, 4章2節）　関西福祉科学大学健康福祉学部講師
谷口　　篤（2章3節, 4節, 4章1節, 3節　コラム3, 4）　編者
石田　靖彦（3章1節）　編者
藤井　恭子（3章2節）　編者
中西　良文（5章, コラム5）　三重大学教育学部准教授
三島　浩路（6章, コラム6）　中部大学現代教育学部教授
中川恵乃久（7章1節, コラム7）　愛知県立半田養護学校桃花校舎教諭
柘植　雅義（7章1節, コラム7）　国立特別支援教育総合研究所上席総括研究員
西口　利文（7章2節）　大阪産業大学教養部准教授
岡田　安代（7章3節）　前愛知教育大学教授
金　　愛慶（7章4節）　名古屋学院大学スポーツ健康学部准教授

# 教育支援の心理学
―― 発達と学習の過程

2010年5月10日 初版第1刷発行
2014年2月25日　　第3刷発行

|監　修|鈴　木　眞　雄|
|編　集|宇　田　　　光|
| |谷　口　　　篤|
| |石　田　靖　彦|
| |藤　井　恭　子|
|発行者|石　井　昭　男|
|発行所|福村出版 株式会社|

〒113-0034 東京都文京区湯島2丁目14番11号
　　　　電　話　03 (5812) 9702
　　　　Ｆ Ａ Ｘ　03 (5812) 9705
　　　　http://www.fukumura.co.jp
編集／組版　　有限会社閏月社
印刷　　株式会社文化カラー印刷
製本　　協栄製本株式会社

©Masao Suzuki　2010　　　　　　ISBN 978-4-571-22049-4　C3011
乱丁本・落丁本はお取替えいたします。　　　　　　　　Printed in Japan
定価はカバーに表示してあります。

## 福村出版◆好評図書

藤田主一・楠本恭久 編著
**教職をめざす人のための教育心理学**
◎2,200円　ISBN978-4-571-20071-7　C3011
教職をめざす人のための「教育心理学」に関する基本的テキスト。教育心理学の最新情報が満載の必読書。

古川聡 編著
**教育心理学をきわめる10のチカラ**
◎2,300円　ISBN978-4-571-22050-0　C3011
教員になるにあたってどのようなチカラを身につける必要があるのか，実践力アップのためのポイントを明示。

櫻井茂男・大川一郎 編著
**しっかり学べる発達心理学〔改訂版〕**
◎2,600円　ISBN978-4-571-23046-2　C3011
基礎的な知識と新しい研究成果を紹介しつつ，学びやすさと本格派を追求。新しい情報をふんだんに盛り込み改訂。

川島一夫・渡辺弥生 編著
**図で理解する　発　達**
●新しい発達心理学への招待
◎2,300円　ISBN978-4-571-23049-3　C3011
胎児期から中高年期までの発達について，基本から最新情報までを潤沢な図でビジュアル的に解説した1冊。

繁多進 監修／向田久美子・石井正子 編著
**新乳幼児発達心理学**
●もっと子どもがわかる　好きになる
◎2,100円　ISBN978-4-571-23047-9　C3011
新幼稚園教育要領と保育所保育指針の改定を受け改訂。子どもの発達がわかりやすく学べる乳幼児発達心理学の書。

心理科学研究会 編
**小学生の生活とこころの発達**
◎2,300円　ISBN978-4-571-23045-5　C3011
心理学的知見から，学齢毎の発達に関わる課題を読み解く。より深く子どもを理解したい教育関係者必読の書。

佐々木雄二・笠井仁 編著
**図で理解する　生徒指導・教育相談**
◎2,100円　ISBN978-4-571-24040-9　C3011
児童生徒の様々な心の問題の理解とその対応を，実践経験豊富な臨床心理学者が多面的視点から解説。

◎価格は本体価格です。